¡Dale al DELE!

c1

Equipo editorial

Dirección editorial: enClave-ELE
Cubierta: DESSIN, S.L.
Maquetación: Creative XML, S.L.L.
Fotografías: shutterstock.com
Estudio de grabación: JD Production

EnClave-ELE agradece a los autores citados en este libro la oportunidad que sus textos nos han brindado para ejemplificar el uso de nuestra lengua. Los materiales de terceras personas se han utilizado siempre con una intención educativa y en la medida estrictamente indispensable para cumplir con esa finalidad de manera que no se perjudique la explotación normal de las obras.

© enClave-ELE, 2014
ISBN: 978-84-15299-40-0

Depósito legal: M-15883-2014
Impreso en España
Printed in Spain

Cualquier forma de reproducción, distribución, comunicación pública o transformación de esta obra solo puede ser realizada con la autorización de sus titulares, salvo excepción prevista por la ley. Diríjase a CEDRO (Centro Español de Derechos Reprográficos, www.cedro.org) si necesita fotocopiar o escanear algún fragmento de esta obra.

CÓMO ES EL DELE C1

Los Diplomas de Español como Lengua Extranjera (DELE) son los títulos oficiales del Instituto Cervantes y del Ministerio de Educación, Cultura y Deporte de España.
Los exámenes del DELE siguen el *Marco común europeo de referencia* (MCER) del Consejo de Europa.

El DELE C1 acredita que el candidato es capaz de:
- Expresarse con claridad, fluidez y naturalidad gracias a su amplio repertorio de recursos léxicos y lingüísticos, sin ambigüedades ni vacilaciones;
- reformular su discurso, adaptarlo al contexto y a la intención comunicativa, añadiendo matices de significado y participando en intercambios comunicativos según sus intereses;
- redactar o presentar textos bien estructurados sobre temas complejos y extensos, defendiendo sus puntos de vista y destacando las ideas que considere más importantes;
- comprender matices en los discursos orales extensos, debates, conferencias, conversaciones entre varias personas, textos escritos especializados, etc. sobre temas abstractos, gracias a su conocimiento de las expresiones idiomáticas y a su dominio de diferentes acentos y registros de habla.

EL EXAMEN: DÓNDE, CUÁNDO Y CÓMO
Los exámenes para la obtención de los Diplomas de Español como Lengua Extranjera se realizan en los centros del Instituto Cervantes y en la amplia red de centros de examen DELE (universidades, centros de enseñanza de español, academias, embajadas y consulados).
En la dirección oficial de los exámenes http://diplomas.cervantes.es puedes encontrar una lista de centros de exámenes por países.
Los exámenes del DELE tienen cinco convocatorias anuales (abril, mayo, julio, octubre y noviembre) y el nivel C1 se celebra en todas. En la dirección oficial puedes consultar las fechas concretas de cada año y el lugar donde se celebran las pruebas de agosto. En esta misma página, encontrarás los procedimientos y los plazos de inscripción.

PARA EL EXAMEN
El día del examen deberás llevar:
- **Copia sellada** de la **hoja de inscripción.**
- **Pasaporte** o **documento de identificación** con fotografía. El día del examen debes presentar el original utilizado en la inscripción.
- **La convocatoria oficial de examen,** que habrás recibido del centro de examen.
- **Bolígrafo** o similar que escriba con tinta y **lápiz del número 2.**
- Las **cuatro últimas cifras del código de inscripción,** ya que tendrás que anotarlas en cada hoja de respuestas.

Recuerda que, antes de cada prueba, debes completar los datos de identificación y el código en las hojas de respuestas 1, 2, 3 y 4.

Escribe con bolígrafo el nombre y los apellidos, la ciudad y el país donde te examinas. Completa con lápiz las cuatro últimas cifras del código de inscripción. Este código se pone dos veces, una, con número (ejemplo **1**) y otra, sombreando las casillas (ejemplo **2**).

Ejemplo 1:

| 0 | 0 | 0 | 1 |

Ejemplo 2:

NÚMERO DE INSCRIPCIÓN DEL CANDIDATO			
0	0	0	1
0	0	0	1
1	1	1	1
2	2	2	2
3	3	3	3
4	4	4	4

PRUEBA N° 1 Comprensión de Lectura y Uso de la Lengua (90 minutos)

Tarea 1: **Un texto especializado** (informe, contrato, prospecto, instrucciones...) de 650-750 palabras, **con seis preguntas** de elección múltiple (A, B, C).
Tarea 2: **Un texto** (artículo periodístico, cuento, blog, relato...) de 550-650 palabras, del que se han extraído seis fragmentos. Hay que reconstruirlo a partir de siete opciones posibles (una opción no se utiliza).
Tarea 3: **Un texto** (ensayo, reportaje, monografía...) de 550-650 palabras, **con seis preguntas** de elección múltiple (A, B, C).
Tarea 4: **6 reseñas o resúmenes de artículos académicos** (de 100-150 palabras cada uno) **que deben relacionarse con 8 enunciados** breves.
Tarea 5: **Un texto especializado complejo**, de 375-425 palabras, **con 14 huecos para completar con estructuras gramaticales y léxicas**. En cada hueco hay que elegir una de las tres opciones posibles (A, B, C).

PRUEBA N° 2 Comprensión Auditiva y Uso de la Lengua (50 minutos)

Tarea 1: Se escucha **una conferencia, un discurso, una noticia...** y un resumen incompleto: hay **12 opciones para completar las 6 frases del resumen**.
Tarea 2: **Cuatro conversaciones informales y de negociación.** Sobre cada una de ellas hay **dos preguntas** con opciones de elección múltiple (A, B, C)
Tarea 3: **Una entrevista o debate con seis preguntas** de elección múltiple (A, B, C).
Tarea 4: **Diez diálogos** breves con **una pregunta** de elección múltiple (A, B, C) para cada uno.

PRUEBA N° 3 Compresión Auditiva y Expresión e Interacción Escritas (80 minutos)

Tarea 1: **Redacción de un texto** (expositivo o argumentativo) de 220-250 palabras **a partir de las ideas principales que se escuchan en una conferencia o discurso**.
Tarea 2: Se presentan dos opciones de las que solo hay que elegir una. **Redacción de un texto formal** (solicitud, reclamación, informe, reseña, entrada de un blog, artículo...) **a partir de la lectura de un texto, un gráfico o una tabla de datos** (entre 180-220 palabras).

PRUEBA N° 4 Compresión de Lectura y Expresión e Interacción Orales
(20 minutos + 20 minutos de preparación)

Tarea 1: **Monólogo** (de 3 a 5 minutos) en el que se resumen y exponen las ideas principales tratadas en un texto largo de unas 800 palabras.
Tarea 2: **Debate con el entrevistador** (de 4 a 6 minutos) sobre el tema de la tarea anterior.
Tarea 3: **Conversación formal de intercambio de ideas**, valoraciones y justificación de opiniones, **para negociar y llegar a un acuerdo con el entrevistador** (de 4 a 6 minutos).

En la prueba de Comprensión de Lectura y Expresión e Interacción orales dispones de 20 minutos para prepararte. Puedes tomar notas que podrás consultar durante la prueba como un apoyo, no para leer.

CONSEJOS Y ESTRATEGIAS PARA ENFRENTARTE A LAS TAREAS DEL DELE C1

Las pruebas

Para aprobar el DELE C1 debes conseguir, en cada una de las 4 pruebas, el 60% de aciertos (pruebas de comprensión) y de puntuación (pruebas de expresión).

Hay 2 grupos:

Grupo A: prueba 1 (Comprensión de Lectura y Uso de la Lengua) y prueba 3 (Comprensión Auditiva y Expresión e Interacción Escritas).

Grupo B: prueba 2 (Comprensión Auditiva y Uso de la Lengua) y prueba 4 (Comprensión de Lectura y Expresión e Interacción Orales).

Cada prueba se valora con 25 puntos y para aprobar hay que obtener 30 puntos como mínimo en cada grupo.

La hoja de respuestas

Antes de empezar el examen debes completar con tus datos personales la **Hoja de respuestas** donde irás contestando a las preguntas del examen.

Como sabes, la Hoja de respuestas se contesta con lápiz (no con bolígrafo), incluye las 9 tareas de estas dos pruebas (5 tareas de Comprensión de Lectura y 4 tareas de Comprensión Auditiva) y es lo único que se corrige, porque en el cuadernillo de examen puedes escribir todo lo que quieras, pero después del examen se destruye. En toda esta parte del examen vas a estar casi dos horas y media (140 minutos).

¿Cómo se organizan las pruebas del DELE C1?

Las **pruebas de Comprensión de Lectura y Comprensión Auditiva se realizan con un mismo cuadernillo de examen** y tus respuestas debes ponerlas a lápiz en la Hoja de respuestas. Esta parte del examen dura **140 minutos** (90 minutos para la Comprensión de Lectura y 50 minutos para la Comprensión Auditiva). **Entre estas dos pruebas no hay pausa,** por lo que necesitas estar muy concentrado todo el tiempo y llevar contigo un poco de agua para beber cuando te sientas cansado. Las 66 preguntas (36 preguntas de Comprensión de lectura y 30 de comprensión Auditiva) debes escribirlas en la Hoja de respuestas antes de que acabe la segunda prueba; el tribunal del examen te va a ir indicando cuánto tiempo falta para acabar la primera prueba (una hora, media hora, quince minutos y cinco minutos). Después de un pequeño descanso, se realiza **la prueba de Expresión e Interacción Escritas.** Esta parte del examen dura unos **80 minutos**; la respuesta se hace en el mismo **cuadernillo del examen** y puedes hacerla con bolígrafo o con lápiz.

Para la prueba de Expresión e Interacción Orales recibirás una convocatoria por correo ordinario en la que se indica el día y la hora en que debes hacer las **3 tareas.**

Comprensión de Lectura y Uso de la Lengua

En esta primera prueba, en cada tarea debes tardar, **como máximo, 15 minutos**, y de esta manera puedes tener otros **15 minutos** para:

- pasar a la Hoja de respuestas, con lápiz (y no con bolígrafo), todas las contestaciones, sin dejar ninguna pregunta en blanco;
- revisar las preguntas dudosas, volviendo a leer los fragmentos en los que aparezca la información adecuada;
- comenzar a preparar las tareas de la siguiente prueba (de Comprensión Auditiva) que aparecen en el mismo cuadernillo y que se realizan inmediatamente después de cumplirse el tiempo fijado para esta prueba de Comprensión de Lectura.

Los textos de esta prueba son de carácter técnico y académico (contratos, informes, prospectos, narraciones, reseñas, artículos, etc.) y bastante extensos: en esta prueba hay aproximadamente 3000 palabras, procedentes de textos muy especializados y con un vocabulario bastante complejo a veces.

Como norma general, en las tareas que componen esta prueba (excepto en la última tarea) es conveniente leer en primer lugar las preguntas a las que hay que contestar. Durante la prueba, es aconsejable realizar una lectura activa, con lápiz y papel a mano para ir haciendo las anotaciones necesarias. En estos exámenes preparatorios te aconsejamos ir tomando nota del tiempo que empleas en la realización de cada tarea (por eso tienes en cada ejercicio la señal de "Hora de inicio" y "Hora de finalización" y la hoja de autoevaluación que puedes descargar en la extensión digital del libro, en www.enclave-ele.net/dele).

Para hacer aún más efectiva tu preparación de cara al DELE C1, te proponemos que una vez hayas realizado los ejercicios de Comprensión de Lectura que contiene cada uno de los exámenes de este libro, vuelvas a leerlos para ir más allá de la prueba de evaluación a la que te sometes con las preguntas. De este modo, irás adquiriendo un mayor vocabulario que te será útil en la prueba real, tanto en el apartado de Comprensión de Lectura como en la parte de Expresión Oral y Escrita o en la Comprensión Auditiva, pues los textos que hemos escogido para estas tareas proceden de campos muy diferentes y abarcan un gran espectro de cuestiones.

Por otra parte, puedes afrontar el orden de contestación de las tareas como te apetezca y te parezca mejor, pero lo aconsejable es que sigas el orden propuesto en el examen, entre otras razones porque así puedes controlar mejor el tiempo que empleas en cada tarea y saber si estás cumpliendo con el plan fijado. Alterar el orden solo te hará dar vueltas a las hojas, buscar qué te parece más fácil o qué te falta por hacer, y en definitiva perder más tiempo.

Insistimos mucho en la cuestión del tiempo y en su control porque realmente el examen del DELE es una prueba contrarreloj, como en las pruebas deportivas: lo importante no es solo cuánto sabes de español y cuánto comprendes, sino que en un tiempo limitado y escaso debes ser capaz de llevar a cabo una serie de tareas.

Por último, como te indicábamos al principio, no olvides que en esta prueba deberías alcanzar un mínimo de 24 aciertos (el 60% de las 40 preguntas): esta cifra la vas a ir apuntando conforme vayas haciendo los ejercicios y adquiriendo estrategias de comprensión que te permitan leer más rápido y centrándote solo en los aspectos a los que se refieren las preguntas de las diferentes tareas. El examen DELE no penaliza las respuestas erróneas; eso significa que en el examen es conveniente contestar incluso aquellas preguntas de cuya respuesta no estés seguro, pero también te aconsejamos que como ese es un factor de suerte con el que has de jugar el día del examen, no te intentes engañar mientras te preparas realizando estos ejercicios, porque aquí tu único examinador eres tú mismo y debes disponer de datos fiables y objetivos sobre tu desarrollo a la hora de prepararte.

TAREA 1

Para realizar esta tarea, lo mejor es comenzar leyendo las 6 preguntas y sus respectivas opciones (A, B, C).

Subraya las palabras más importantes de cada pregunta (y/o de las opciones alternativas que se ofrecen como posible respuesta). Después, lee el texto y señala al margen el número de pregunta al que se refiere, subrayando las palabras en las que te basas para elegir la opción que consideras correcta. De este modo, en caso de duda puedes ir directamente a consultar ese fragmento y comprobar que la idea coincide totalmente con la respuesta.

Ten en cuenta que el texto está dividido en párrafos, de modo que cada párrafo viene a coincidir normalmente con una pregunta y el orden de las preguntas coincide con la aparición de la información en el texto.

Las **dificultades** que puedes encontrar pueden deberse a las siguientes causas:

— todas las opciones facilitan una información correcta que aparece en el texto, pero no siempre se refieren al tema por el que se pregunta;
— en ocasiones se utilizan cultismos (palabras de registro culto) equivalentes a palabras de uso común;
— hay que comprender el significado correcto de frases complejas y "traducirlos" a enunciados más sencillos;
— a menudo se tienen en cuenta las excepciones para aplicarlas a un enunciado general;
— hay que deducir un significado particular de una información genérica, pero siempre a partir de lo que explícitamente aparece en el texto, no por lo que conocemos de nuestra experiencia, ya que en el examen no se comprueban los conocimientos del mundo que tengamos (por ejemplo en materia de economía, historia, medicina, psicología, etc.).

TAREA 2

En esta tarea puedes emplear **15 minutos** ⏳ aproximadamente. Para ello, te recomendamos que, en primer lugar, durante **2 minutos** ⏳ leas los 7 fragmentos que has de incorporar al texto. Fíjate si hay algunos datos que te puedan ayudar a completar este puzzle, por ejemplo, si los fragmentos contienen ideas o palabras que indican el tema del texto, si hay correlación de tiempos verbales, si tiene algún pronombre (*este, aquellas, le, lo, las*) que nos sirva para ponerlo en relación con otras palabras que aparecen en el texto. Recuerda que uno de los 7 fragmentos no lo utilizarás en el ejercicio. Luego puedes leer el texto, para saber cuál es el tema que trata, y ahí podrás poner ya algunos fragmentos en su lugar. Si crees que en un hueco puedes poner dos o tres fragmentos, pero no sabes cuál es el más correcto y adecuado, escribe en el hueco las letras correspondientes a los fragmentos; si más adelante en otro hueco tienes que utilizar ese fragmento y no otro, ya sabes que ahí no es posible ponerlo. Los siguientes **7 u 8 minutos** ⏳ los vas a dedicar a leer el texto, deteniéndote cada vez que haya un hueco y leyendo los fragmentos hasta encontrar el adecuado, para que la información sea coherente, haya una unidad con la idea anterior, se mantenga una continuidad y haya una sucesión cronológica o temporal.

Los últimos **5 minutos** ⏳ del ejercicio los puedes dedicar a leer el texto completo, con los huecos ya rellenos por el fragmento que le has asignado.

Para decidir qué fragmento es el adecuado, debes tener en cuenta las siguientes cuestiones:

— que la idea central del fragmento sirva de punto de unión entre los dos temas del texto que han quedado cortados por el hueco, siendo la continuación de la idea anterior o el antecedente de la nueva idea que se presenta a continuación;

- que haya una relación sintáctica entre elementos que hay en el texto y elementos del fragmento, por ejemplo: una condicional ("si hubiera elegido esa propuesta") tiene que ir complementada con la forma adecuada en el fragmento que buscamos ("habría ganado muchos amigos").
- que el fragmento se refiera a un elemento anterior con un pronombre (por ejemplo, "las") que solo puede referirse a un sustantivo (plural femenino). Así, si encontramos el fragmento "… con su constancia las transformó", el pronombre se convierte en una pista clave para adjudicar este fragmento a un hueco en el que antes hayamos encontrado algo así como: "… y no quiso resignarse frente a aquellas adversidades". Este mecanismo de pronominalización (referirse con un pronombre –lo, este, aquel…– a un nombre o sustantivo que ya ha aparecido para no repetirlo) nos va a ayudar a encontrar el lugar adecuado a algunos fragmentos que tenemos que colocar en este ejercicio.

TAREA 3

Como en las 2 tareas anteriores, en esta tienes **un cuarto de hora** para realizar el ejercicio (deberías empezarla, como muy tarde, cuando los miembros del Tribunal de examen indiquen que falta **1 hora** para finalizar la prueba de Comprensión de Lectura). Te aconsejamos que, en primer lugar, leas las preguntas (y sus opciones alternativas de respuesta) en **2 o 3 minutos** para extraer la información que realmente necesitas y te interesa.

Al leer el texto, tienes que ir confirmando las respuestas a cada una de las preguntas, y para ello dispondrás de **7 minutos**.

El procedimiento que vas a seguir es el siguiente:

- lee las preguntas, identificando a través del subrayado, cuál es el tema sobre el que versa la pregunta;
- lee el texto, donde los temas o cuestiones sobre los que tratan las preguntas normalmente aparecen en el mismo orden que estas (señala la ubicación de la pregunta a través de un número en el margen);
- responde cada pregunta contrastando la información que contiene el texto con los distractores (opciones a, b y c) que mencionan cuestiones abordadas en el texto, a veces incluso con algunas de las palabras utilizadas en el texto pero en las que hay algo diferente o que no concuerda plenamente con la pregunta.

La segunda lectura te va a servir para deshacer dudas en el caso de aquellas preguntas para las que no tengas una respuesta clara o en las que consideres posible que haya dos respuestas correctas. En este caso, lee el enunciado de la pregunta, analiza qué dice, las opciones sobre las que tengas dudas, y compara con el texto la información en la que se encuentre la clave de la respuesta. Para llevar a cabo este proceso te va a resultar muy útil subrayar e incluso tomar notas, es decir, utilizar otras palabras (en español o en tu idioma) que resuman y aclaren el contenido de lo que has leído, lo que significa el fragmento o la parte sobre cuya interpretación estás planteándote cuál será la respuesta correcta.

Los textos que hemos seleccionado se corresponden a una amplia gama de campos teóricos (Historia, Psicología, Biología, Física, Medicina…) por lo que en ellos vas a poder familiarizarte con un vocabulario específico que puede serte útil en otras tareas de esta misma prueba de Comprensión de Lectura o en las pruebas de Comprensión Auditiva, Expresión Escrita o Interacción Oral; por todo ello, una vez realizado el ejercicio correspondiente y comprobados los resultados, te sugerimos que vuelvas a leer los textos y te detengas en el vocabulario nuevo que aparezca en ellos.

TAREA 4

En esta tarea es mejor comenzar leyendo los enunciados para saber qué información tenemos que buscar en los 6 textos de que consta esta tarea. Es mejor que la lectura de los enunciados sea activa, con un lápiz o un bolígrafo en la mano para subrayar las palabras y expresiones que en cada momento consideres más importantes.

Cada enunciado (19-26) se corresponde solo con un texto (A-F), pero como hay más enunciados que textos, dos textos tendrán dos enunciados cada uno.

Una vez hayas leído los enunciados de un modo activo, destacando en cada uno de ellos el aspecto más importante, tienes que leer atentamente el primer texto y decidir qué enunciado o enunciados señalan algún tema tratado por ese texto (A), para después seguir leyendo uno a uno cada texto, asignándole el enunciado o enunciados que le correspondan.

Como en el resto de tareas de esta prueba, conviene no sobrepasar los **15 minutos** para su realización; por eso, aplica este esquema del tiempo que puedes dedicar a cada parte en este proceso de búsqueda de respuestas:

- Lectura de los 8 enunciados: **2 minutos** aproximadamente.
- Lectura de cada uno de los 6 textos: **un minuto y medio** por cada texto, confrontándolos con los enunciados (especialmente a los que aún no hayas asignado un texto) – **9 minutos**.
- Relectura de los textos a los que aún no hayas asignado ningún enunciado – **4 minutos** (en los que comprobarás que has contestado las ocho respuestas de este ejercicio en la Hoja de respuestas).

Al leer los textos es preciso que señales la/s palabra/s clave para asignarles un enunciado, y que al lado del texto escribas el número de enunciado que en tu opinión le corresponde; al mismo tiempo, tacha con una cruz, una equis o un círculo los enunciados que ya tengan su texto correspondiente, pues así no tienes por qué perder tiempo volviendo a leerlos.

Una buena forma de entrenamiento y preparación personal, si dispones de tiempo, es que te acostumbres a resumir pequeños textos, sintetizándolos en una frase sin repetir ninguna palabra del texto que has leído. Esto te servirá para realizar de forma más rápida y eficaz este tipo de ejercicios, pero en el propio examen no tienes que hacer eso, porque lo que se te pide es encontrar ese resumen ya escrito en forma de enunciado.

TAREA 5

Esta última tarea de la prueba de Comprensión de Lectura consiste en completar con 14 palabras un texto de 400 palabras aproximadamente. El objetivo de esta tarea es recomponer la utilización correcta de las formas (en tiempos verbales, en preposiciones y/o en el significado preciso de las palabras).

Nuestro consejo es que leas el texto, dedicándole aproximadamente **5 minutos** ⏳; también te aconsejamos que intentes poner algunas de las palabras que faltan (escríbelas directamente en el cuadernillo del examen, en el espacio en blanco).

Debes tener en cuenta que en esta tarea van a ser importantísimas las siguientes cuestiones sobre las que se plantean los huecos que debes saber rellenar adecuadamente:

— palabras específicas, de un significado concreto, que no pueden intercambiarse por otros sinónimos, puesto que se trata de palabras que parecen idénticas pero que no se pueden utilizar de manera indistinta (por ejemplo, aunque en español la palabra "*delgado*" significa lo contrario de grueso o gordo, a la hora de describir a alguien no suele utilizarse "*labios delgados*" sino "*labios finos*");
— preposiciones necesarias para un tipo de verbo determinado (entre la infinidad de verbos que tienen una preposición concreta y no otra, podríamos mencionar "*despedirse de*", y por eso es importante fijarse en la forma del texto para elegir la correcta, pues se puede decir "*El empresario despidió a diez empleados*" o "*Mis amigos se despidieron de sus padres*", y en ese caso cambia radicalmente el significado del verbo y el contexto de uso);
— concordancias del tiempo verbal en función de los verbos anteriores (sobre todo, verbos que necesitan de un subjuntivo);
— algunas perífrasis verbales que son invariables así como expresiones complejas que se utilizan como un todo (por ejemplo, "*fruncir el ceño*");
— adjetivos que solo se emplean en determinados contextos y circunstancias, siendo posible su combinación con algunos sustantivos pero no con otros (por ejemplo, "*jugador empedernido*" o "*entidad financiera*").

Cuando hayas realizado la lectura del texto y hayas escrito las palabras que creas necesarias o los verbos en su correspondiente tiempo verbal, dispondrás todavía de **10 minutos** ⏳ para comparar tus respuestas con las opciones que te proporciona el examen.

Aunque aparentemente la utilización de estos primeros minutos te parezca una pérdida de tiempo, te va a permitir hacer una lectura más rápida y más comprensiva del texto. Cuando no sepas qué palabra debes añadir, no te preocupes (no hace falta que completes todos los huecos en esta primera fase), pues en la segunda lectura vas a disponer de tres opciones para elegir la que consideres adecuada; en el caso de que tu propuesta no se corresponda con ninguna de las alternativas que da el examen, seguro que la palabra que has puesto en el cuadernillo te ayudará a decidir más fácilmente (por ejemplo, el tiempo verbal necesario).

Ten en cuenta, cuando realices este ejercicio, que el alto número de ítems o preguntas que contiene hace esta tarea la más importante de toda la prueba de Comprensión de Lectura, ya que si acumulas demasiados errores, puede romper la estadística de un buen ejercicio.

Comprensión Auditiva y Uso de la Lengua

Para superar esta segunda prueba del examen necesitas contestar correctamente 18 de las 30 preguntas.

En esta prueba vas a enfrentarte a dos tipos de texto: en las tareas 1 y 3, escucharás documentos reales (una conferencia y una entrevista, respectivamente); por otra parte, las tareas 2 y 4 se corresponden con grabaciones realizadas en un estudio y, por tanto, la audición es más nítida y clara que en el caso de las tareas basadas en grabaciones reales (con ruido ambiente y con las características propias de la lengua hablada).

Como esta prueba se realiza inmediatamente después de la prueba de Comprensión de Lectura, y sus preguntas están en el mismo cuadernillo que esa prueba, conviene que, el día del examen, tengas presente lo siguiente:

— cuando finalices la realización de las tareas de Comprensión de Lectura, comprueba que hayas escrito tus soluciones en la Hoja de respuestas, porque al finalizar la prueba de Comprensión Auditiva no dispondrás del tiempo suficiente para hacerlo;

- intenta dejar al menos **5 minutos** ⌛ al final de la prueba de Comprensión de Lectura para leer de forma activa los enunciados de las tareas de Comprensión Auditiva, especialmente las preguntas de las tareas 1 y 3;
- en el transcurso de esta prueba no debes preocuparte por la gestión del tiempo, ya que todos los tiempos vienen marcados y pautados por la duración de las audiciones y de los tiempos de silencio entre unas y otras: todas las audiciones de esta prueba las escucharás 2 veces y antes de empezar cada tarea tendrás **1 minuto** ⌛ para leer los enunciados de las preguntas; al final de la audición también se deja **1 minuto** ⌛ aproximadamente para que transcribas las contestaciones que consideres correctas a la Hoja de respuestas;
- es muy importante realizar una escucha activa durante el ejercicio, esto es, tomar notas de las palabras y expresiones que creas más importantes y significativas a la hora de responder la tarea, puesto que eso te permitirá contrastar las opciones con los apuntes que hayas tomado en el cuadernillo (y no con la memoria de lo que creas haber escuchado).

Generalmente vas a escuchar en las audiciones algunas palabras que forman parte de las opciones de respuesta, pero no te dejes engañar por la facilidad, puesto que a veces son distractores (sirven para distraer tu atención, despistarte, engañarte y hacerte dudar). Recuerda que en la Comprensión Auditiva, más allá de las dos oportunidades de audición de que dispones, no puedes consultar el fragmento en el que se encuentra la información que necesitas para distinguir una respuesta correcta de una información falsa; por ello es tan importante utilizar anotaciones de los elementos más significativos del discurso, literalmente (es decir, en español, con las palabras que oyes) porque eso te ayudará en caso de duda a optar por la opción más adecuada.

TAREA 1

La característica más significativa de esta tarea es que, como en otros audios de esta prueba, se trata de una conferencia real pronunciada por un especialista en cualquier campo de la ciencia, la investigación o la enseñanza.

La tarea consiste en completar las 6 notas en las que se resumen los contenidos más importantes de este fragmento de conferencia; para ello, dispones de 12 opciones con las que completar esas frases. El tiempo para completar esta tarea lo marca la propia pista de audio.

Como te hemos aconsejado en otras ocasiones, es conveniente que dediques más de **1 minuto** ⌛, antes del inicio de la audición, a la lectura de las notas que debes completar. En esa lectura de las frases, ya vas a poder tomar la decisión de cuáles son las opciones posibles, puesto que aunque no seas un experto en el tema que trata la conferencia, se pueden descartar algunas opciones por la imposibilidad de formar frases con sentido si se mezclan determinadas palabras.

Una vez hayas realizado esta primera fase de eliminación de las opciones que no tengan sentido, vas a poder dedicar más atención a escuchar la conferencia y de acuerdo con lo que en ella se diga, elegir la opción correcta para cada anotación.

No olvides que la conferencia será de carácter académico o de divulgación científico-académica y que ha sido grabada en un acto real, por lo que el conferenciante puede cambiar el tono de voz, interrumpir el desarrollo de una idea, hablar a diferentes velocidades, etc.

Esta tarea, por tanto, se realiza en tres fases:

- la primera, de carácter semántico, en la que se prevé el tema de la conferencia y se adjudican posibles opciones a cada respuesta;
- más adelante se escucha la conferencia para confirmar cuál de las opciones es la correcta para cada pregunta;
- por último, hay que leer las 6 frases ya completas para verificar que ese es el contenido y esas son las ideas que hemos escuchado durante la conferencia.

Cada opción puede ser utilizada solo una vez y en cada espacio en blanco solo es correcta una opción. Habitualmente, en esta tarea se ofrecen como alternativas doce nombres (aunque también podrían ser adjetivos o verbos, y es muy difícil que aparezcan mezclados).

Te recordamos, por último, que dispones de las transcripciones de los audios para aclarar cualquier duda.

TAREA 2

En esta segunda tarea de Comprensión Auditiva vamos a escuchar 4 conversaciones, repetidas consecutivamente, dos veces. Lo más importante en cada una de las conversaciones es estar atento a las expresiones clave que nos permitirán contestar las dos preguntas que se formulen sobre cada diálogo.

Las 4 conversaciones que componen esta prueba tienen una duración aproximada de **un minuto y medio** ⌛.

En cada conversación intervienen dos personas, normalmente un hombre y una mujer. Por tratarse de conversaciones de mediana duración (ni larga ni corta), que se escuchan dos veces seguidas, debemos centrar la atención exclusivamente en las dos preguntas que se refieren a esa conversación, sabiendo que los temas de la conversación aparecen en el orden en que el cuadernillo presenta las preguntas.

En todos los casos se trata de identificar la intención, el sentimiento, la actitud de la persona a la que se refiere la pregunta. En este sentido, va a resultarte muy útil seguir los siguientes consejos:

- al leer las preguntas, subraya las palabras más importantes de las opciones para que centres tu atención sobre esos aspectos durante la audición;
- escribe en los márgenes del cuadernillo las expresiones que consideres importantes en relación con la pregunta que debes contestar;
- contrasta, por último, tus anotaciones con el significado de las opciones para confirmar que has elegido la respuesta adecuada.

Para preparar esta tarea, es muy conveniente comprobar el listado de frases hechas y expresiones que se recogen en el apartado "Funciones" de los Niveles de Referencia: http://cvc.cervantes.es/ensenanza/biblioteca_ele/plan_curricular/niveles/05_funciones_inventario_c1-c2.htm; la mayor parte de las actitudes por las que se pregunta en esta tarea se expresan a través de esas formas habituales en el lenguaje coloquial español. No se trata de recordarlos ni conocerlos todos, pero sí de tener una idea de su significado.

Como siempre, te aconsejamos una escucha activa, es decir, tomando notas de las palabras más importantes que escuches en cada fragmento, puesto que esas anotaciones te permitirán centrar la atención en el resto de informaciones que aparezcan en la conversación, no ocupando de ese modo tu memoria a corto plazo con la retención de frases o expresiones que no se pueden cambiar ni es posible recordar mucho tiempo.

TAREA 3

Para contestar las 6 preguntas de esta tarea, escucharemos dos veces el fragmento de una entrevista de **4 minutos** aproximadamente, en la que un periodista entrevista a un artista, intelectual, deportista, etc. Nos encontraremos, por tanto, con un documento real y eso hace que la comprensión de lo que escuchamos tenga una serie de características diferenciales: las dos personas hablan coloquialmente, pueden bajar a veces el tono de la voz, interrumpirse entre ellos o dejar inacabada una frase o idea, etc. Lo más importante para llevar a cabo esta tarea es haber dedicado el tiempo necesario a la lectura de las 6 preguntas (con sus opciones de respuesta) subrayando las palabras más determinantes para encontrar la alternativa adecuada.

En esta tarea es fundamental, para el buen desarrollo de la prueba, que durante la primera audición escribas en el margen de la pregunta correspondiente las palabras o ideas clave que escuches y que te permitirán confrontar las opciones de respuesta con la información suministrada en la entrevista, puesto que así tendrás la segunda audición para ir confirmando cuál es la alternativa correcta. No olvides, por último, seguir las indicaciones del audio que te recuerdan que debes anotar tus respuestas en la hoja del examen (no en el cuadernillo).

TAREA 4

En esta tarea vas a escuchar 10 diálogos muy breves de **medio minuto** de duración cada uno, dos veces consecutivas: eso te va a permitir concentrarte en cada mini-conversación, para responder a la pregunta que se hace sobre cada diálogo. Como siempre, leerás el enunciado de cada pregunta, con sus 3 opciones, y subrayarás la/s palabra/s más importante/s.

En el enunciado de la pregunta tendrás una información importante, consistente en la indicación de a quién se refiere la pregunta, al hombre o a la mujer que habla (a veces se facilita el nombre o se hace referencia genérica a ellos, pero es fácil distinguir quién está hablando).

Cada micro-diálogo consta de 2, 3 o 4 (como máximo) intervenciones. Lo que se pretende con esta tarea es comprobar tu grado de conocimiento de las expresiones que utilizamos en español para mostrar nuestra actitud ante un hecho, el estado de ánimo que tenemos, y por eso se pregunta sobre la intención o el significado de una frase en un contexto.

Como es lógico, lo que debemos hacer en cada audición es encontrar la frase sobre la que se hace la pregunta correspondiente. Una vez que creemos haber encontrado esa expresión, es conveniente apuntarla, y además hacerlo literalmente, respetando el orden de las palabras, puesto que suele tratarse de frases hechas.

Para conocer el sentido o intención de estas frases hechas, sería conveniente que repasaras las Funciones que para el nivel C1 recogen los Niveles de referencia del español en el siguiente enlace: http://cvc.cervantes.es/ensenanza/biblioteca_ele/plan_curricular/niveles/05_funciones_inventario_c1-c2.htm

Comprensión Auditiva y Expresión e Interacción Escritas

Para realizar la prueba de Comprensión Auditiva y Expresión e Interacción Escritas, dispondrás de **40 minutos** para realizar cada una de las tareas (incluido el tiempo para la audición de la conferencia y las labores de revisión y corrección del texto).

La prueba consta de dos tareas: la primera es obligatoria, es decir, tienen que realizarla todos los candidatos, mientras que para la segunda tarea tienes dos opciones entre las que debes elegir una.

En la primera tarea, cada texto debe tener de 220 a 250 palabras y en la segunda de 180 a 220 (no conviene superar el máximo propuesto; en cuanto al mínimo, si escribes menos de 150 palabras en la primera tarea y menos de 125 en la segunda tarea, tu texto será evaluado, pero en la escala de "Adecuación al género discursivo", tu puntuación será 0)".

Puesto que normalmente escribimos 10 palabras en cada línea (y este examen, no lo olvides, se hace escribiendo el texto a mano), es suficiente con escribir 25 líneas, o sea, 4 párrafos con 6 líneas cada uno. Te aconsejamos, por las características de la prueba, que escribas a mano (y no en el ordenador) todos los ejercicios de preparación de esta prueba.

Cuando termines de escribir los dos textos, dedica el resto de la prueba (**un cuarto de hora** sería suficiente) a leerlos, fijándote especialmente en los siguientes aspectos:

– concordancia de tiempos, sobre todo la corrección en el uso de subjuntivos, los pasados, el uso del condicional, etc.;
– coherencia del sistema ortográfico utilizado (tildes o acentos, b/v, h, j/g, c/z/k/qu…)
– existencia de conectores que den al texto una coherencia interna.

Como esquema de lo que quieres escribir para cada texto, puedes anotar las palabras y temas que vas a tratar en cada párrafo. Por ese motivo, es mejor que dediques **5 minutos** a la elaboración de un esquema para la opción que elijas, con el fin de asegurarte de que tienes el suficiente vocabulario como para completar el número de palabras que se te piden.

La distribución del tiempo que puedes hacer es la siguiente:

Tarea	Tiempo	Actividad
1	10 minutos	Audición y toma de notas
1 y 2	5 minutos x 2	Realización del esquema de la tarea
1 y 2	5 minutos x 2	Redacción del primer párrafo (6 líneas, 60 palabras)
1 y 2	5 minutos x 2	Redacción del segundo párrafo (6 líneas, 60 palabras)
1 y 2	5 minutos x 2	Redacción del tercer párrafo (6 líneas, 60 palabras)
1 y 2	5 minutos x 2	Redacción del cuarto párrafo (6 líneas, 60 palabras)
1 y 2	20 minutos	Revisión y corrección ortográfica, formal y gramatical de los textos

Los textos que vas a escribir serán evaluados según los siguientes criterios:

– Las 2 tareas son analizadas de modo global, valorando si has conseguido el objetivo que te proponías alcanzar y si los mensajes que has transmitido eran correctos y comprensibles. Esta evaluación puede obtener 3, 2, 1 o 0 puntos, según la calidad de los textos, y en el global de la prueba tiene un valor del 40%.
– Cada una de las tareas es, a su vez, evaluada de manera independiente y se puntúan los siguientes aspectos:

a) corrección ortográfica y gramatical del texto;
b) precisión y variedad del vocabulario;
c) coherencia del texto por el orden de las ideas y su relación a través de los conectores;
d) adecuación de la estructura al tipo de texto y mantenimiento del registro (formal o informal, según convenga).

Cada uno de estos apartados se puntúa de 0 a 3 y el cómputo total de estas valoraciones (4 por cada texto) representa el 60% de la prueba.

TAREA 1

Aunque está dentro de la prueba de Expresión e Interacción Escritas, en esta primera tarea también se pone a prueba la Comprensión Auditiva, puesto que para poder realizarla tendrás que tomar anotaciones y apuntes del texto que vas a escuchar dos veces, para resumirlo y exponer sus puntos más importantes a continuación.

Para llevar a cabo la tarea es muy importante que te concentres en recoger el máximo posible de información durante los **4 minutos** que, aproximadamente, dura el fragmento de conferencia que vas a escuchar. Las expresiones que escuches en el audio podrás volver a utilizarlas, obviamente, en tu argumentación, pero ten en cuenta que el objetivo de esta tarea es mostrar:

a) que has comprendido el tema del que se habla y los argumentos que se ofrecen;
b) que sabes exponer de forma resumida esos argumentos, poniéndolos en relación;
c) que puedes mostrar tu opinión, a favor o en contra del conferenciante, en los puntos en los que consideres conveniente mostrar tu acuerdo o tu desacuerdo de forma razonada.

Para tomar notas durante la conferencia, te aconsejamos que dejes en tu hoja un espacio en blanco suficiente entre una idea y otra por si en la segunda audición tienes que añadir algunos conceptos, frases, ideas o expresiones que escuches. Evidentemente, en tu exposición no tienes que seguir obligatoriamente el mismo orden que el autor ha utilizado en su presentación, y por ello es importante que después de la audición, dediques **5 minutos** a estructurar y organizar tus ideas, para reflejar en un esquema lo que vas a exponer en cada párrafo, señalando el orden de importancia y sin olvidar el uso de los conectores adecuados, además de las palabras o conceptos que quieres utilizar en cada párrafo.

Nuestro consejo es que organices los párrafos del texto del siguiente modo:

– en el primer párrafo, expón la idea principal o el tema que trata el fragmento que has escuchado;
– en el segundo párrafo, une ese tema con una de las primeras ideas que hayas escuchado en el audio, y una vez la hayas expuesto, da tu propia opinión, aportando un ejemplo (podría ser algo referente a tu país, si el tema lo permite) o argumentando en qué sentido te muestras de acuerdo o en desacuerdo con el conferenciante;
– introduce el tercer párrafo poniendo en relación la nueva idea que vas a tratar con la que has tratado en el párrafo anterior, según lo que has escuchado en el audio y expón al menos una o dos ideas más que se mencionen en el texto escuchado y que no sean tan importantes como las que expusiste en los párrafos anteriores;
– antes de dar paso a las conclusiones (en el párrafo final), puedes elaborar un resumen de las ideas más importantes que has escuchado, manifestando tu opinión sobre si el tema te parece interesante, por qué te parece un tema apropiado o relevante en este momento, etc.

Sea como sea, ten en cuenta que en la corrección de esta tarea no se va a valorar ni enjuiciar tu opinión o tus creencias, por lo que puedes expresar libre y abiertamente lo que consideres más oportuno.

TAREA 2

Como ya hemos señalado, en esta segunda tarea tienes 2 opciones de las cuales debes elegir una. Nuestra recomendación es que, antes de empezar a redactar, hagas un esbozo o esquema de la opción que hayas elegido, porque puedes encontrarte a mitad de la prueba sin más argumentos o palabras y sin poder realizar satisfactoriamente la tarea y sin apenas tiempo para empezar a escribir otro texto. A la hora de tomar la decisión entre las dos opciones, ten en cuenta no solo que el tema te guste más o te parezca más fácil, sino también la cantidad de palabras específicas sobre ese tema que conoces y, lo más importante, el control y dominio que tengas de las fórmulas de inicio y de cierre que exija el tipo de género textual que solicite la tarea.

Asimismo, es muy importante que analices las instrucciones específicas que cada opción tiene, porque debes escribir basándote en ellas: generalmente, cada opción tiene 4 indicaciones o apartados que debes responder, y eso te puede servir de ayuda a la hora de ordenar y estructurar el contenido de los párrafos.

Las dos opciones que te propone esta tarea se caracterizan por solicitar textos argumentativos en los que se trata de solicitar algo (por ejemplo: un trabajo, una beca, una información compleja) o proporcionar información, ideas u opiniones a través de un texto expositivo (como, por ejemplo, una entrada de un blog, una reseña, un informe…).

Escribe cada párrafo (de unas 6 líneas) sin preocuparte, en principio, de los conectores, que luego puedes y debes añadir para poner en relación unos párrafos con otros, y piensa que tienes que escribir un párrafo en **5 minutos** (antes de ponerte a redactar el siguiente párrafo).

Por último, te recordamos que puedes borrar o tachar las veces que necesites hacer correcciones en lo que has escrito, pero que siempre es mejor que lleves contigo al examen un corrector de tinta sobre el que puedas escribir para que el efecto visual no sea negativo.

Comprensión de Lectura y Expresión e Interacción Orales

La prueba de Comprensión de Lectura y Expresión e Interacción Orales es independiente del resto de las pruebas (normalmente, según el centro y la organización de la convocatoria, se cita al candidato el día anterior o la misma tarde del examen escrito). Otra característica de esta prueba es que se realiza individualmente, es decir, en solitario y "en privado". La prueba consta de dos fases (preparación durante **20 minutos** y expresión e interacción con el tribunal durante aproximadamente otros **20 minutos**) y en ella hay que realizar 3 tareas, una de exposición o monólogo (en la que debes hablar de **3 a 5 minutos**), la segunda consiste en una conversación en la que el entrevistador te irá haciendo preguntas sobre el tema del que has hecho la exposición (esta conversación durará de **4 a 6 minutos** y será el entrevistador el encargado de darla por finalizada y pasar a la siguiente tarea) y, por último, en la tercera tarea (de la misma duración que la anterior, de **4 a 6 minutos** ⏳) tendrás que llegar a un acuerdo con el entrevistador sobre la cuestión que se plantea en una ficha que te entregarán al iniciar esta tarea.

La primera y la segunda tareas están muy relacionadas y parten del mismo estímulo; sin embargo, la tercera tarea se hace directamente sobre una ficha que podrás leer durante **1 minuto** ⏳, mientras el entrevistador va explicándote lo que tienes que hacer en esa tercera tarea.

Para la preparación de la primera tarea de esta prueba es importantísimo seguir las instrucciones de la hoja (en la que, por cierto, no puedes ni debes realizar anotaciones, pues ese material se quedará en la sala de preparación, aunque encontrarás otra hoja igual en la sala donde se realiza la entrevista); tus notas debes tomarlas en el folio en blanco que te facilitan para el examen y que podrás consultar durante la prueba oral cuando lo necesites; pero recuerda que solo puedes consultar las notas, no debes leer todo lo que tienes escrito. En la sala de examen, como te hemos indicado, dispondrás también del texto que has tenido para preparar la prueba, por si deseas mirar algún dato durante tu exposición.

En esta prueba, vas a sentarte frente al **entrevistador**, que va a iniciar la conversación preguntándote por la forma de tratamiento que prefieres: informal (de tú, tuteándoos) o formal (de usted). Elige la forma que te resulte más cómoda y a la que estés más acostumbrado/a. Obviamente, si la variedad de español que hablas es la del voseo, también puedes utilizarlo. Sea cual sea la forma que elijas, el entrevistador se adaptará a ella y tú debes, en la medida de lo posible, utilizarla durante todo el examen, sin mezclar los dos tratamientos (tú y usted) ni cambiarlos sin razón.

Además del entrevistador, en la sala también estará el **examinador**, que va a evaluar tu actuación (de hecho, su valoración cuenta un 60% de la nota de esta prueba y su análisis es más detallado que el del entrevistador). Como el examinador se sienta más alejado de ti, debes hablar lo suficientemente alto y claro como para que él te oiga sin dificultad durante todo el desarrollo de la prueba.

Cada tarea de esta prueba se evalúa de modo independiente; es decir, podría suceder que hicieras una tarea con algunos fallos y vacilaciones y otra de modo brillante; pues bien, cada una de esas partes recibirá su valoración de forma independiente, sin influir la evaluación de una parte o tarea sobre la otra. Los apartados que se van a considerar durante tu intervención son los siguientes:

- **coherencia** y organización del discurso, esto es, tu capacidad para presentar un tema de modo estructurado, claro, coherente, con un uso correcto de los conectores (*en primer lugar, por tanto, en realidad, sin embargo, para ir acabando…*) y una claridad expositiva que dé mayor importancia a las ideas principales;
- **fluidez**, con una valoración especial del ritmo de la intervención (conviene que no te pares o interrumpas demasiado pensando entre frase y frase lo que vas a continuar diciendo);
- **corrección**: en este apartado se tiene en cuenta tanto la claridad en tu forma de hablar, sin errores fonéticos y sin acento, como la utilización apropiada de formas verbales y construcciones correctas en español. Si en algún momento cometes un error, puedes autocorregirte y volver a expresar de modo más adecuado lo que dijiste mal; y, por último,
- **alcance**, es decir, la variedad de palabras que usas de forma precisa para referirte al tema del que estás hablando (no utilizando siempre las mismas palabras, ni empleando formas coloquiales cuando debes usar formas más precisas y académicas y mostrando tu capacidad para utilizar varias palabras que designen lo mismo).

En ningún momento el entrevistador te indicará con sus gestos aprobación o disgusto por lo que digas ni por la forma de decirlo (no te corregirá ni te dirá que has dicho algo mal); la labor del entrevistador durante el examen es evaluar la muestra de lengua que tú le proporciones a través de las diferentes tareas de esta prueba, y a veces a partir de la interacción te proporcionará modelos de lengua correctos: esa será la única forma posible de corrección que podrá utilizar tu entrevistador.

Mentalízate, antes de entrar a realizar esta prueba, de que el tribunal con el que vas a realizar la prueba está ahí para ayudarte a llevar adelante tu tarea y que es consciente de la situación de nerviosismo que pasas en ese momento, por lo que debes considerarlos más como aliados que como enemigos.

TAREA 1

La primera tarea de la prueba de Expresión e Interacción Orales consiste en un monólogo de **3 minutos** ⏳ —como mínimo—, en el que se deben llevar a cabo las instrucciones que aparecen en el enunciado de la tarea; en general, se trata de realizar una exposición que resuma y organice los temas tratados en el texto que vas a preparar en **20 minutos** ⏳.

Lo más importante para la exposición es cumplir con las instrucciones, es decir, hacer una buena comprensión de lectura, distinguiendo por tanto entre las ideas principales (que hay que explicar o desarrollar) y las ideas secundarias; evidentemente, hay que empezar señalando el tema que trata el texto y finalizar indicando qué intención u objetivo tiene dicho texto: puede haberse escrito para convencer a alguien, para contradecir alguna idea, para divulgar una opinión, etc. Lo que no se debe hacer en esta tarea es dar la propia opinión, porque ese es el objetivo de la siguiente tarea (un diálogo con el entrevistador).

Los **20 minutos** ⌛ de preparación deben servirte para realizar un esquema con el que puedas ayudarte a realizar la exposición. Como solo puedes escribir y tomar notas en los folios en blanco (y no en el texto que te entregan para la preparación de la prueba), haz un esquema con letras visibles y con palabras e ideas unidas entre sí y organizadas, porque durante la exposición oral podrás consultar tus notas (y el texto que te ha servido para la preparación), pero no debes leer: por tanto, no redactes lo que vas a leer, pero sí debes hacer un esquema que contenga visualmente las ideas organizadas, según lo que piden las instrucciones.

Recuerda que al inicio de la prueba se te va a preguntar si quieres hacerla en registro formal o informal (de usted o de tú, respectivamente) y que las primeras preguntas (de contacto o de cortesía) no se evalúan sino que sirven para que te sientas más tranquilo/a.

Durante tu exposición, debes estar más atento al entrevistador que a tus notas: mirarlo al hablar, transmitirle tu mensaje y detenerte cuando él/ella quiera comenzar a hablar. En esta primera tarea, la función principal del entrevistador es escucharte: sus gestos de interés o aprobación serán los normales para mostrar que te atiende y te escucha con atención.

El texto que vas a tener para preparar tu intervención será de unas 800 palabras y tendrá una temática académica o profesional, sobre un tema que permitirá el debate y diversos puntos de vista, pero recuerda que durante la primera tarea debes limitarte a exponer la información que contiene el texto, estructurándola para demostrar que has comprendido el texto y que sabes transmitir su contenido aunque no tengas ningún conocimiento previo especializado sobre este tema. En este sentido, plantéate esta parte de la prueba como una especie de comprensión de lectura en la que debes ceñirte a transmitir la información que el texto suministra.

TAREA 2

Cuando hayas terminado tu exposición sobre el tema de la tarea 1, el entrevistador va a comenzar un diálogo contigo en el que va a interesarse por tu opinión personal sobre el asunto que has expuesto; por este motivo te hemos recomendado que no adelantes tu opinión durante la exposición en la tarea 1, aunque debes prever el tipo de preguntas que te van a hacer en esta tarea y (en la hoja en la que prepares esta prueba durante los **20 minutos** ⌛ que estarás en la sala de preparación) tener anotadas algunas palabras que te podrán ser útiles como recordatorio para usar en esta tarea.

En los **4 o 5 minutos** ⌛ que dura esta tarea, vas a dialogar con el entrevistador, pero si no puedes prepararte con un profesor o con otro compañero que te haga las preguntas, puedes escuchar algunas preguntas accediendo a la pista correspondiente en los archivos de la extensión digital de este libro a través de la siguiente dirección: www.enclave-ele.net/dele.

Lógicamente, en caso de que tus puntos de vista no coincidan con los del entrevistador, puedes mostrar tu desacuerdo, porque la evaluación de esta tarea es de carácter puramente lingüístico; eso sí, debes tener en cuenta la coherencia de tus argumentos y la utilización de las expresiones adecuadas, con el registro formal que se espera en un examen: en ese sentido, no conviene utilizar formas excesivamente coloquiales y menos aún vulgares o malsonantes, por más que estas puedan ser habituales en las conversaciones informales de algunos grupos de hispanohablantes.

En la mayoría de los casos, la conversación será meramente una especie de entrevista, en la que tendrás que limitarte a responder, con coherencia, unas preguntas que te formulará el entrevistador sobre determinados aspectos del texto que leíste para exponer en la tarea anterior. En cualquier caso, no olvides que los **20 minutos** ⌛ de preparación de los que dispones antes de la realización de la prueba son para preparar estas dos tareas, por lo que además de organizar lo que vas a decir durante la primera tarea debes pensar en qué preguntas te pueden formular durante el desarrollo de esta tarea y anotar, si es preciso, algunas palabras o argumentos que puedes necesitar.

El tipo de preguntas que se hacen en esta tarea suelen ser abstractas o teóricas para que argumentes o justifiques tu opinión, profundizando en los motivos y razones por los que piensas de esa manera, pero también puede producirse una conversación en la que el entrevistador buscará las razones y argumentos contrarios a tus posiciones para que muestres coherencia al explicar y defender tus planteamientos. Sea como sea, siéntete libre para expresar abiertamente tus ideas y haz intervenciones no excesivamente largas pero tampoco cortas (no contestes con monosílabos a las preguntas de tu interlocutor), matizando lo que creas conveniente, ejemplificando si hace falta y mostrando tus discrepancias y diferencias (si las hay) con el texto que resumiste en la tarea anterior y/o con el entrevistador. Ten en cuenta, para terminar, que en esta tarea no se pide llegar a ningún acuerdo y que la duración del debate, conversación o entrevista la va a marcar el propio entrevistador: tu papel en este caso es reaccionar e interactuar con él, pero no necesariamente llevar la iniciativa a la hora de plantear los temas que vais a tratar o discutir.

TAREA 3

Esta última tarea de la prueba de Expresión e Interacción Orales no se prepara previamente (a diferencia de las anteriores), por lo que tendrás **1 minuto** ⌛ durante el examen para leer las instrucciones y observar las fotografías que se te presentan como alternativas entre las que tendrás que elegir. Es muy importante que aproveches el minuto de lectura (durante el que no podrás tomar notas ni escribir, pero sí preguntar y pedir aclaraciones o explicaciones si hay algo que no entiendes en la hoja que te dará el examinador); para aprovechar ese minuto, debes fijarte en las instrucciones, puesto que en ellas se da la pauta de lo que se debe debatir; es también importante que elijas una de las cuatro opciones que aparecen en las fotografías para que la defiendas y propongas como tu primera opción, pero no olvides que el objetivo de esta tarea es llegar a un acuerdo con tu interlocutor, que es el examinador-entrevistador.

En esta tarea debes "meterte en la piel" de la persona que se te propone y creer en la realidad de esa situación, para darle credibilidad al debate, olvidando que tu interlocutor es el entrevistador y pensando que se trata de tu compañero de trabajo, tu vecino, un amigo o lo que indiquen las instrucciones, y tratándolo por tanto como tal. En este debate que va a tener lugar durante unos **5 minutos** ⏳ conviene que tomes la iniciativa y comiences la conversación inmediatamente después de haber leído las instrucciones y tras haber observado las ilustraciones para entender lo que cada una de ellas propone. No esperes a que el entrevistador comience, hazlo tú con naturalidad, y a partir de ahí defiende tus argumentos sin hacer referencia a las fotografías constantemente; en caso de referirte a ellas para valorarlas no intentes describirlas (por el color o la forma de los objetos), sino que debes mencionarlas por sus características diferenciadoras, utilizando las palabras adecuadas y específicas que señalen lo más relevante y aquello por lo que tú eres partidario de esa opción frente a las demás.

En la dinámica de esta conversación, el entrevistador va a proponer una opción diferente a la tuya y no solo va a preguntarte por los motivos por los que defiendes una opción u otra. Aunque el objetivo es que toméis una decisión conjunta y adoptéis un acuerdo al final de la conversación, esto no lo debes facilitar al principio, sino que debes dar tus argumentos para que también el entrevistador acepte la opción que tú defiendes, mostrándote dispuesto a escuchar, aceptar y asumir las propuestas que tu interlocutor te haga. Cuando ya las dos posturas estén claras, puedes tomar la iniciativa de ir llegando a un acuerdo, bien a través de una de las propuestas que haya entre las fotografías de la tarea o mediante una fórmula intermedia de mezclar parte de tu propuesta con las modificaciones que parezcan razonables y posibles de la propuesta defendida por tu interlocutor. Eso sí, cuando ya veas que el principio de acuerdo se ha alcanzado y el entrevistador se muestre satisfecho con tu oferta, o él mismo realice una propuesta conciliadora, no reabras el debate ni quieras seguir discutiendo, puesto que esa será la señal de que se ha alcanzado el objetivo planteado en esta tarea.

Como no siempre tendrás la oportunidad de preparar esta tarea con un interlocutor (profesor o compañero), puedes escuchar las preguntas y opiniones que hemos grabado en la pista correspondiente de los audios que puedes descargar de la extensión digital del libro (www.enclave-ele.net/dele). Hay varias preguntas en cada pista, de modo que debes ir deteniendo el reproductor para intervenir cada vez que escuches una pregunta.

Una última cuestión que debes tener en cuenta es que en esta tarea puedes interrumpir al entrevistador, no dejarle terminar sus argumentos y oponerte a lo que dice. Por supuesto, y como en la tarea 2, cuando el entrevistador te formule una pregunta, tienes la posibilidad de pedirle que la repita si no la has entendido o que te confirme que has comprendido bien lo que quería decir.

EXAMEN 1

COMPRENSIÓN DE LECTURA Y USO DE LA LENGUA — TAREA 1

🕰 HORA DE INICIO ___:___

Instrucciones

Lea el texto y conteste a las preguntas (1-6). Seleccione la opción correcta (A, B o C).

Marque las opciones elegidas en la **Hoja de respuestas**.

TEXTO

CONDICIONES GENERALES DE LA PROMOCIÓN "MOMENTOS 2016"

1. La participación en la promoción "Momentos 2016" supone la aceptación de las presentes Condiciones Generales.

2. El objeto de la promoción "Momentos 2016" consiste en la entrega al cliente de una cartilla, en la que se estampará un sello por cada compra superior a 30 €, para su posterior canje por una selección de premios en función del número de sellos acumulados.

3. La promoción es válida para compras realizadas entre el 25 de octubre de 2016 y el 5 de enero de 2017, ambos inclusive, en tiendas Imaginarium o Estímulos de España y Andorra, en www.imaginarium.es y a través del teléfono 902 214 215.

4. Las cartillas podrán obtenerse con cualquier compra desde el 25 de octubre hasta el 8 de diciembre de 2016. A partir de esa fecha solo se entregarán bajo petición previa y sujeta a disponibilidad en cada tienda.

5. Cada importe mínimo de compra de 20 € equivaldrá a un sello que se estampará en la cartilla, siendo imprescindible su presentación en el momento de realizar la compra (en caso de no presentarla, podrá ofrecérsele otra cartilla). Nunca podrá sellarse la cartilla posteriormente al momento de la compra.

6. Para compras realizadas a través de la web o el teléfono indicados, se enviará una cartilla con los sellos acumulados en dicha compra (mediante adhesivos sellados que el cliente podrá pegar en la cartilla recibida o en la que ya tuviera en su poder) y que podrá utilizar posteriormente en sucesivas compras.

7. Cada tique de tienda o albarán de compra dará derecho a tantos sellos como múltiplos de 30 € tenga el importe de la compra recién realizada con un máximo de 15 sellos. Podrán acumularse varios tiques o albaranes para una cartilla, pero un mismo tique o albarán solo podrá estar asociado a una cartilla.

8. El cliente podrá completar tantas cartillas como desee dentro del período promocional, pero no será posible la suma de sellos correspondientes a diferentes cartillas para obtener un premio.

EXAMEN 1

9. Los premios se conseguirán con la acumulación de 3, 5, 8, 10, 12 o 15 sellos. Con una cartilla el cliente podrá disfrutar de varios premios, siempre y cuando disponga del número de sellos necesarios para ello, o bien podrá canjear los sellos por descuentos en los Viajes Imaginarium.

10. Cada cartilla podrá canjearse una sola vez, por uno o varios premios. Un mismo sello no da derecho a varios premios. Los sellos no canjeados una vez presentada la cartilla se considerarán perdidos, no pudiendo volver a utilizarse para otra cartilla diferente.

11. Para obtener los premios deberá entregarse la cartilla sin roturas y correctamente sellada entre el 7 y el 31 de enero de 2017 en cualquier tienda Imaginarium de España o Andorra, conjuntamente con los tiques de tienda o albaranes de compra con los que se acumularon los sellos.

12. En el momento en que el cliente presente su cartilla para canjear los sellos, los tiques o albaranes adjuntos serán sellados por el personal de Imaginarium de manera que no puedan ser utilizados en un canje posterior.

13. Imaginarium se reserva el derecho a invalidar cartillas o sellos que presenten irregularidades, a invalidar participaciones fraudulentas, pudiendo llegar incluso a la retirada del premio al cliente afectado, y a realizar modificaciones justificadas y debidamente publicitadas sobre la mecánica y bases de la promoción.

14. En el caso de devoluciones de productos/servicios con cuya compra se haya conseguido uno o varios sellos, dichos sellos quedarán invalidados descontándose del tique o albarán de compra.

15. El disfrute de los premios se llevará a cabo a partir del 7 de enero de 2017 (recomendamos consultar las fechas concretas de disfrute de cada premio en su tienda Imaginarium, en www.imaginarium.es o llamando al 902 214 215). Los premios y fechas elegidas para el disfrute están sujetos a disponibilidad de las empresas que los proporcionan, reservándose Imaginarium el derecho a su sustitución por otros de valor equivalente o superior.

16. Los sellos y premios son personales e intransferibles, no pudiendo el cliente canjearlos por su contravalor en dinero ni ser objeto de sustitución, cambio, alteración o compensación alguna.

17. Para el conocimiento de cualquier litigio que pudiera plantearse con relación a la misma, los participantes se someten expresamente a la jurisdicción y competencia de los Juzgados y Tribunales de Zaragoza, con renuncia expresa a cualquier otro foro que pudiera corresponderles.

18. Para más información sobre las condiciones legales de la promoción, consultar en www.imaginarium.es.

Adaptado de www.imaginarium.es

EXAMEN 1

Preguntas

1. Los premios que se entregan en esta promoción dependen de la cantidad de…
   a) compras realizadas.
   b) dinero gastado.
   c) sellos en la cartilla.

2. Las cartillas se pueden conseguir…
   a) hasta el 8 de diciembre.
   b) hasta el 5 de enero.
   c) si hay en la tienda.

3. Si en el momento de la compra el cliente no lleva consigo la cartilla…
   a) se le enviarán sellos por correo a casa.
   b) se le hará entrega de una nueva cartilla.
   c) se le permitirá ir a casa para recogerla.

4. Según las condiciones de esta promoción…
   a) el importe máximo de una compra será de 450 €.
   b) con catorce sellos puedes conseguir dos regalos.
   c) se pueden acumular sellos de diferentes cartillas.

5. Un motivo para no disfrutar del premio es…
   a) la ausencia de los productos si se han agotado o consumido.
   b) la no presentación de los documentos originales de compra.
   c) la devolución de productos que hayan dado lugar a un sello.

6. Los premios a que da lugar la cartilla…
   a) se pueden retirar antes del 31 de enero.
   b) puede recogerlos un familiar o amigo.
   c) pueden consultarse en la página web.

HORA DE FINALIZACIÓN ___:___

EXAMEN 1

COMPRENSIÓN DE LECTURA Y USO DE LA LENGUA — TAREA 2

⏳ HORA DE INICIO ___:___

Instrucciones

Lea el siguiente texto, del que se han extraído seis párrafos. A continuación, lea los siete fragmentos propuestos (A-G) y decida en qué lugar del texto (7-12) hay que colocar cada uno de ellos.

HAY UN FRAGMENTO QUE NO TIENE QUE ELEGIR.

Marque las opciones elegidas en la **Hoja de respuestas**.

TEXTO

Además de un paseo histórico, monumental y paisajístico de extraordinario atractivo, la Ruta de los Nazaríes traza un recorrido fascinante a través de las tradiciones, fiestas, oficios artesanos, gastronomía y un sinfín de aspectos de las hospitalarias tierras de Jaén y Granada. En este viaje por ambas provincias, las estaciones se acompasan con distintas manifestaciones que dan lugar a un dilatado calendario de festejos.

Para San Antón y la Candelaria, en enero y febrero, las poblaciones se iluminan con las lumbres y hogueras, rito de amistad donde se comparten cantos y productos de la matanza. La Semana Santa supone un espectáculo solemne y deslumbrante. **7** _____ El estallido primaveral se desata con la romería de la Virgen de la Cabeza de Andújar, la de mayor fama y afluencia de la Andalucía interior, que llega a congregar a finales de abril medio millón de personas. **8** _____ Las fiestas de la Cruz de mayo se extienden después por calles y plazas, junto con multitud de romerías como las de Úbeda, Torredelcampo o Huelma, por citar solo algunas. Muchas ciudades y pueblos se engalanan también para la procesión del Corpus.

De primavera al otoño, las ferias, fiestas mayores y romerías se suceden con actividades, certámenes, corridas, en un ambiente que garantiza la diversión, desde la Fiesta de la Fundación de La Carolina, y el reguero de fiestas y romerías de agosto y septiembre —entre las que se señalan las de Iznalloz, con un singular episodio de Moros y Cristianos— a las Ferias de San Miguel de Úbeda y la de San Lucas de Jaén, en octubre. **9** _____ La actividad artesana, por su parte, goza de un envidiable dinamismo, con varios ramos en los que se hace patente la pervivencia de la tradición andalusí. **10** _____ Son muy apreciadas las alfombras de esparto de Úbeda, así como la espartería de Jódar y los muebles y objetos de mimbre de Huelma. En el apartado textil, junto a la tejeduría de alfombras y jarapas, en la provincia de Granada, se encuentran encajes de bolillos y artísticos bordados, salidos a veces de las pacientes manos de la monjas de clausura.

En las comarcas de Sierra Morena sobresale con especial relieve la confección de artículos de cuero, relacionados sobre todo con la caza y la monta a caballo; guarnicionería, vestimenta, calzado, objetos finamente acabados de La Carolina, Andújar, Úbeda, Jaén y diversos puntos. **11** _____ En estas carpinterías se trabajan piezas de línea clásica española y rústica.

EXAMEN 1

La metalurgia se nutre igualmente de hondas raíces. La forja artística, rejería, latonería y otros oficios del metal, incluso la fundición de campanas, mantienen su prestigio. Este rico panorama artesano se redondea con especialidades menos frecuentes pero también de interés como la fabricación de lámparas, instrumentos musicales, encuadernación, juguetería, cerería y otras producciones.

El viaje por la Ruta de los Nazaríes es una fascinante invitación al placer de los sentidos en el que la gastronomía constituye una tentación irresistible. Productos naturales de primera calidad y tradiciones culinarias de añeja solera hacen del camino una peregrinación verdaderamente memorable. **12** _____ Las materias primas se corresponden con los fundamentos de la dieta mediterránea: cereales, legumbres, verduras, hortalizas y frutas, aceite de oliva y vinos, con el apoyo crucial de carnes y el complemento de salazones y pescados.

Adaptado de Fernando Olmedo: *Ruta de los Nazaríes*. Junta de Andalucía, Turismo Andaluz.

FRAGMENTOS

A.	La manufactura de mobiliario, talla, ebanistería y otros oficios de madera se reparten por talleres de Torredonjimeno, Baeza, Úbeda, Mancha Real, Jaén, Huelma o Granada.
B.	Para Todos los Santos se degustan migas y gachas de otoño, y aún se festeja en alguna villa el día de Santa Lucía en diciembre, mes que asimismo acoge la Fiesta de la Aceituna en Martos.
C.	Inmenso es el repertorio de la cerámica de Andújar, con sus jarras, silbatos y decoración de azules sobre fondos blancos.
D.	Las cofradías sacan en procesión valiosas imágenes en el marco de espléndidos cascos históricos, ofreciendo algunas de las mejores estampas de la semana de Pasión andaluza.
E.	Es el caso de las labores realizadas con fibras vegetales, trabajo ancestral en el que los artesanos andalusíes alcanzaron particular maestría.
F.	Los acogedores bares, tabernas, mesones, ventas y restaurantes que jalonan el trayecto despliegan toda la sabiduría, variedad y originalidad de las especialidades locales, que pueden degustarse mediante la pequeña porción de una tapa o a mesa y mantel.
G.	Jinetes, carretas y peregrinos componen uno de los festejos más coloristas de la región en medio de la soberbia naturaleza de Sierra Morena.

⌛ **HORA DE FINALIZACIÓN** ___:___

EXAMEN 1

COMPRENSIÓN DE LECTURA Y USO DE LA LENGUA — TAREA 3

HORA DE INICIO ___:___

Instrucciones

Lea el texto y responda a las preguntas (13-18). Seleccione la opción correcta (A, B o C).

Marque las opciones elegidas en la **Hoja de respuestas**.

TEXTO

En 1910 abrió sus puertas la Residencia de Estudiantes, impulsada por la Junta para la Ampliación de Estudios e Investigaciones Científicas. Capitaneada por Alberto Jiménez Fraud, nació bajo la inspiración de Francisco Giner de los Ríos y sus colaboradores en la Institución Libre de Enseñanza, una entidad de carácter privado que trataba de modernizar la sociedad española, a través de la educación, la ciencia y la cultura. Ubicada en sus primeros días en la madrileña calle Fortuna, a partir de 1915 se trasladó a su sede definitiva, en lo que Juan Ramón Jiménez bautizó como la Colina de los Chopos, aledaña al Museo de Ciencias Naturales.

Desde sus primeros días, la Residencia propuso una educación laica y un ambiente de decidida apertura y tolerancia, que trataba de favorecer la educación integral de los estudiantes, pertenecientes a todas las esquinas del pensamiento, la arquitectura, la música, las artes plásticas y la literatura. En el ambiente cerril impuesto en España por los que entonces monopolizaban la educación pública y privada, la Residencia supuso una corriente de aire vivificador, que pronto atrajo a las clases liberales e ilustradas del país. Las aulas de la Residencia se fueron llenando pronto con los miembros privilegiados de la alta burguesía profesional, atraídos por el nivel de los cursos, las conferencias, las prácticas de laboratorio, las excursiones, las visitas a museos y los deportes, tan minoritarios entonces como el tenis, la natación y el alpinismo, que formaban la parte nuclear de la oferta cultural de la Residencia. La institución se convirtió así en un lujo tan prestigioso como elitista, solo apto para las clases privilegiadas.

Tan conocidos como los profesores y conferenciantes que frecuentaron la Residencia, llegaron a hacerse los integrantes de un selecto grupo de estudiantes, formado por Federico García Lorca, Luis Buñuel, Salvador Dalí y Vicente Aleixandre. No faltan los que piensan que la obra posterior de este grupo de artistas y literatos lleva la marca de la efervescencia cultural que la Residencia generó. No se olvidó tampoco a las mujeres, condenadas hasta entonces a estudiar —las poquísimas que podían hacerlo— en los colegios religiosos. Así, en 1915 se inició la actividad del menguado grupo femenino, bajo la tutela de María de Maeztu, y con la participación destacada de Victoria Kent y la científica Felisa Martín Bravo, dirigidas por personalidades artísticas y culturales de la talla de María Zambrano y Maruja Mallo.

Si bien es cierto que a la Residencia solo tuvieron acceso los miembros de las clases más acomodadas, no faltan los que la consideran como el primer centro cultural de la España de entreguerras. Por sus aulas pasaron fugazmente figuras de la literatura europea como Chesterton

EXAMEN 1

y Louis Aragon. En ellas relató Howard Carter el descubrimiento de la tumba de Tutankhamon y Albert Einstein explicó la teoría de la relatividad. Pero aquel oasis cultural solo pudo mantenerse hasta la rebelión militar de 1936. Si en los primeros meses de la Guerra Civil los poderosos valedores de la Residencia consiguieron un estatus de inmunidad diplomática, finalmente acabaría convertida en hospital de sangre del cuerpo de carabineros. Tras la derrota militar de la República, el franquismo acabó con los ideales pedagógicos de la Institución Libre de Enseñanza, obsesivamente perseguida por la saña del nacionalcatolicismo.

Tras largos años de olvido, la Residencia renació con la democracia recuperada. En 1986 recuperó su nombre y sus responsables se impusieron la tarea de rescatar sus antiguos valores. También se buscó construir y preservar su memoria, gracias a una política de recuperación de archivos y documentos. Actualmente, sus fondos se han convertido en uno de los mayores tesoros culturales de la ciudad, gracias a la acumulación de archivos tan importantes como los de Moreno Villa, García Lorca o Manuel Altolaguirre. "La rehabilitación, modernización e informatización de sus riquísimos fondos —declara la actual directora de la Residencia— es una de nuestras tareas prioritarias, porque constituyen una garantía de continuidad, un motivo de optimismo y una garantía para contemplar el futuro de una de las instituciones más importantes de la España moderna". Exposiciones, conciertos, recitales y seminarios completan el proyecto de celebración del Centenario de la Residencia, tanto en la madrileña Colina de los Chopos como en otros lugares vinculados a la institución en Valladolid, Granada, Málaga y Santander.

Adaptado de Lucía López Salvá, "El discreto encanto de la Residencia de Estudiantes". *Carta de España*.

EXAMEN 1

Preguntas

13. La Institución Libre de Enseñanza…
    a) debe su nombre al poeta Juan Ramón Jiménez.
    b) también era conocida como la Colina de los Chopos.
    c) se encuentra cerca del Museo de Ciencias Naturales.

14. En la Residencia de Estudiantes, según el texto, estudiaban personas…
    a) de diferentes inquietudes y variados intereses.
    b) procedentes de todas las regiones de España.
    c) de diversa condición social y económica.

15. Según el autor del texto, en esta institución…
    a) los estudiantes eran tan prestigiosos como sus profesores.
    b) hubo gran cantidad de mujeres que no podían estudiar fuera.
    c) probablemente se incentivó la creatividad de muchos artistas.

16. En las aulas de la Residencia de Estudiantes…
    a) se combatían los ideales del nacionalcatolicismo.
    b) se instalaron en la Guerra Civil salas de un hospital.
    c) impartieron clase importantes literatos europeos.

17. Según el texto,
    a) con la democracia se han podido encontrar valiosos documentos sobre los alumnos.
    b) en la Residencia de Estudiantes se guardaron grandes tesoros artísticos muchos años.
    c) en el franquismo se mantuvo el nombre de la Residencia gracias a su gran influencia.

18. Las actividades del centenario de la Residencia de Estudiantes…
    a) se celebran en el edificio que ocupó desde su creación.
    b) se han planificado en diferentes ciudades españolas.
    c) garantizan la continuidad del proyecto que le dio origen.

planificarse

 HORA DE FINALIZACIÓN ____:____

EXAMEN 1

COMPRENSIÓN DE LECTURA Y USO DE LA LENGUA — TAREA 4

HORA DE INICIO ___:___

Instrucciones

A continuación tiene seis textos (A-F) y ocho enunciados (19-26). Léalos y elija la letra del texto que corresponda a cada enunciado.

RECUERDE QUE HAY TEXTOS QUE DEBEN SER ELEGIDOS MÁS DE UNA VEZ.

Marque las opciones elegidas en la **Hoja de respuestas**.
A continuación leerá las reseñas aparecidas en una revista sobre libros recientes que analizan las relaciones entre diversos países y culturas.

TEXTOS

A) Electricidad verde: energías renovables y sistema eléctrico

La generación de electricidad es responsable de una parte significativa de las emisiones de CO_2 a la atmósfera. Es por ello que el sector eléctrico está destinado a jugar un papel decisivo en la revolución industrial que implica la lucha contra el cambio climático. En sus catorce capítulos, se debate sobre tecnología, temas políticos y cuestiones de aplicación práctica. También se describen las políticas de energías renovables de Estados Unidos, la Unión Europea y otros países. El libro ofrece un análisis objetivo basándose en la teoría económica y la evidencia, incluyendo las experiencias de países que han dedicado considerables recursos a la promoción de la generación de energías renovables.

B) La comunidad árabe y la prensa escrita en España

Se trata del primer estudio demoscópico que analiza exhaustivamente los hábitos de consumo de la prensa y las prioridades y temas informativos de interés de la comunidad árabe que reside en España. Se trata del más amplio estudio que se ha elaborado hasta ahora interesándose en exclusiva por el colectivo árabe. Para realizar esta investigación científica, se ha llevado a cabo un trabajo de campo en zonas frecuentadas por la población árabe, además de un pequeño porcentaje de encuestas telefónicas. Según el estudio, la presencia en España de aproximadamente un millón de araboparlantes hace imprescindible la edición de medios especializados que se dirijan directamente a ellos para facilitar su integración mediática.

C) Género y paz

La Investigación para la Paz y la Investigación de Género pretenden recuperar las historias silenciadas de la paz y del género en las que no estamos habituados a pensar. Nos enfrentamos con una carencia de herramientas metodológicas y conceptuales, lo cual significa un reto científico innovador a la vez que ética y socialmente necesario. Este libro pretende hacer visibles esas herramientas necesarias para la construcción de un nuevo modelo de sociedad donde la cultura de paz y la igualdad de los géneros sean valores fundamentales. Por ello, investigadores de amplia trayectoria en esta temática abordan la necesidad de pensar la paz desde la perspectiva de género, aportando por un lado las diferentes prácticas de la paz a lo largo de la historia y, por otro, ofrecen propuestas teóricas que aportan nuevas herramientas de análisis y reflexión.

D) La hora de la igualdad: brechas por cerrar, caminos por abrir

Es un documento que propone una visión integrada para el futuro de América Latina y el Caribe y plantea un amplio abanico de políticas de Estado para el desarrollo, en materia de pacto fiscal, desarrollo productivo, protección social, convergencia territorial, generación de capacidades por medio de la educación y de oportunidades por medio del empleo. En este sentido, se subraya la importancia de la igualdad de derechos como eje de esta nueva política encaminada a promover el desarrollo de la región. En definitiva, el informe sugiere la necesidad de acuñar una visión estratégica del desarrollo en el mundo actual, lo que conduce a un profundo replanteamiento del rol del Estado en distintos ámbitos.

E) Migraciones: una puerta abierta al desarrollo

Este libro aborda el estudio del codesarrollo —concepto que vincula migraciones y desarrollo— desde un enfoque novedoso: el análisis de la experiencia de la emigración española de los años sesenta y setenta del pasado siglo XX y sus repercusiones en el crecimiento que experimentó el país en las décadas posteriores. Para ello, sus coordinadores contaron con la participación de economistas tan reconocidos como Juan Velarde o Ramón Tamames y con aportaciones de expertos en torno a cuatro áreas estratégicas para el codesarrollo: la estabilidad institucional, los instrumentos financieros, las capacidades humanas y las potencialidades del emprendedor.

F) Pensamiento Iberoamericano. Retos y oportunidades ante la crisis

El último número de la Revista Pensamiento Iberoamericano, coordinado por el catedrático español José Antonio Alonso, se orienta a explorar las causas, impactos y respuestas asociadas a la presente crisis, con especial atención a las regiones de América Latina y Europa. Dada la entidad de esta crisis, no es extraño que el espectro de temas recorridos sea amplio, tanto para analizar los factores determinantes de esa crisis, como para considerar las respuestas para evitar que episodios tan destructivos de la vida económica de los países y del bienestar de las personas se puedan repetir en el futuro.

Adaptado de *Miradas al exterior. Revista de Información Diplomática del Ministerio de Asuntos Exteriores y de Cooperación.*

EXAMEN 1

ENUNCIADOS

19. Se analizan las fuentes de información existentes para una comunidad concreta.

    A)   (B)   C)   D)   E)   F)

20. Hay colaboraciones de especialistas prestigiosos en su materia.

    A)   B)   (C)   D)   E)   F)

21. A partir del análisis de los problemas actuales, se pretende evitar que vuelvan a suceder.

    A)   B)   C)   D)   E)   (F)

22. Se incluye una visión femenina a la hora de exponer científicamente el tema.

    A)   B)   (C)   D)   E)   F)

23. Se hacen propuestas y sugerencias de carácter económico, laboral, social y formativo.

    A)   B)   C)   (D)   E)   F)

24. Se estudia un fenómeno del pasado para comparar con el presente.

    A)   B)   C)   D)   (E)   F)

25. Se explica cómo utilizarla en la práctica y qué dicen las teorías al respecto.

    (A)   B)   C)   D)   E)   F)

26. En este campo de estudio faltan técnicas de investigación y definiciones precisas.

    A)   B)   (C)   D)   E)   F)

    carencia de herramientas metodológicas

HORA DE FINALIZACIÓN ___:___

EXAMEN 1

COMPRENSIÓN DE LECTURA Y USO DE LA LENGUA — TAREA 5

HORA DE INICIO ___:___

Instrucciones

Lea el texto y rellene los huecos (27-40) con la opción correcta (A, B o C).

Marque las opciones elegidas en la **Hoja de respuestas**.

TEXTO

La casa **27** _en que_ vivió Linka, de niña, estaba situada en un barrio al otro lado del Vístula, el barrio de Praga, que, por su situación geográfica, no fue incendiado ni arrasado, aunque sí invadido por la masa de población que no tenía techo. Y aún no ha sido reconstruido, ni **28** _siquiera_ apuntalado. Linka no creía que su casa hubiera quedado **29** _en_ pie.

Fuimos un atardecer, cruzando el Vístula, todo rojo por el sol poniente, por el puente de Praga, en coche. Nos detuvimos frente a un edificio que hacía esquina y abría sus ventanas al parque. Era una casa de tres o cuatro pisos, **30** _cuya_ fachada aparecía llena de impactos de balazos, como casi todas las del barrio. En el patio interior de esa casa **31** _había caído_ una bomba hacía veintitantos años y parecía que aún no **32** _hubieran_ recogido los escombros sobre los que jugaban unos chicos. El techo del portal estaba rajado como si se **33** _fuese_ a caer de un momento a otro.

Linka buscaba a una niña morena que, en otro tiempo, bajaba la escalera de cuatro **34** _en_ cuatro escalones (en tres pasos); en la enorme lista de vecinos que Linka leyó con atención solo había un nombre conocido: la señora del ático, que era una magnífica violinista.

Cuando la señora nos abrió la puerta, reconoció a Linka con un grito de alegría y la abrazó. Nos llevó a su cuarto y nos dijo que en Polonia estaba prohibido disponer **35** _de_ más de una habitación por persona para vivir, y que en las demás habitaban otras familias. Aquella sala **36** _estaba_ llena de fotografías y papeles de música. El mobiliario estaba compuesto por una gran mesa de comedor, sillas y dos camas y un armario. Todo muy limpio. Junto **37** _____ la ventana había macetas floridas. La señora del ático estaba leyendo una biografía de Goya cuando **38** _estuvimos_ a su puerta. Su actitud de serenidad y fuerza al preguntar y dar cuenta de los vivos y los muertos conocidos, me recordaron a Maryla y a todas las invencibles ancianas polacas supervivientes de tanto desastre. Nos llenó las manos con trozos de chocolate –la única **39** _golosina_ que encontró en el armario–, pues un eslavo no soporta la falta de hospitalidad. Un refrán dice: "Huésped en casa. Dios en casa".

La señora del ático recordaba la infancia de Linka, las habilidades de mi amiga como patinadora sobre hielo. Recordaba la juventud de los padres de Linka y el barrio sin ruinas, sin impactos de bala, sin refugiados ni huéspedes forzosos. Linka y yo encontramos, gracias a esa dama, a la Linka que **40** _____ a buscar aquel atardecer en el barrio de Praga.

habíamos ido

Adaptado de Marta Cerezales Laforet. "Carmen Laforet: los polacos no son estatuas de sal. Una escritora española detrás del telón de acero". *Paralelos*. Revista de la Consejería de Educación: Polonia, Eslovaquia, República Checa y Rusia

EXAMEN 1

OPCIONES

27. a) cuya   b) con la que   c) en que ⭕
28. a) previo   b) siquiera ⭕   c) hasta
29. a) de   b) a   c) en
30. a) cuya ⭕   b) en que   c) cual
31. a) ha caído   b) había caído ⭕   c) caería
32. a) hubieran ⭕   b) había   c) habría
33. a) iría   b) fuese ⭕   c) vaya
34. a) a   b) con   c) en ⭕
35. a) a   b) de ⭕   c) por
36. a) iba   b) era   c) estaba ⭕
37. a) de   b) a ⭕   c) con
38. a) llamamos   b) íbamos   c) estuvimos ⭕
39. a) golosina ⭕   b) enhorabuena   c) cubertería
40. a) fuéramos   b) iríamos   c) habíamos ido ⭕

golosina = dulces
cubertería = приборы

HORA DE FINALIZACIÓN ___:___

EXAMEN 1

COMPRENSIÓN AUDITIVA Y USO DE LA LENGUA

TAREA 1 Pista 01

Instrucciones

Usted va a escuchar una conferencia en la que se tomaron las siguientes anotaciones. Luego, deberá elegir para cada anotación (1-6) la palabra o fragmento de frase correspondiente entre las doce opciones que aparecen debajo (A-L). Escuchará la audición dos veces.

Marque las opciones seleccionadas en la **Hoja de respuestas**.

Ahora dispone de 1 minuto para leer las anotaciones:

1. La importancia de la obra de Jovellanos radica en que no tiene una sola ___faceta___, ya que fue a la vez intelectual y político.

2. Jovellanos vivió la ___reforma___ del Despotismo Ilustrado a través de la Revolución liberal.

3. Al tener que elegir entre la identidad nacional y la ideología, Jovellanos afianzó su ___faceta___ de patriota.

4. Ante la obra de Jovellanos, se suele sentir la ___contradicción___ de los proyectos que quedaron sin cumplir.

5. La figura de Jovellanos se caracteriza por la ___variedad___ de interpretaciones que ha recibido.

6. La ___biografía___ de Jovellanos resulta apasionante aunque su legado no ha sido suficientemente bien estudiado.

afianzar

OPCIONES

A. variedad	G. contradicción
B. evocación	H. faceta
C. desaparición	I. reforma
D. efeméride	J. condición
E. celebración	K. biografía
F. transformación	L. historia

efeméride = acontecimiento notable

EXAMEN 1

COMPRENSIÓN AUDITIVA Y USO DE LA LENGUA

TAREA 2 Pista 02

Instrucciones

Usted va a escuchar cuatro conversaciones. Escuchará cada conversación dos veces. Después debe contestar a las preguntas (7-14). Seleccione la opción correcta (A, B o C).

Marque las opciones elegidas en la **Hoja de respuestas**.

PREGUNTAS

Conversación 1

7. Sobre el archivo borrado, Fernando opina que…
   a) no tiene sentido.
   b) lo hizo sin pensar.
   c) fue demasiado rápido.

8. Respecto a conseguir en breve un artículo, el hombre muestra una actitud de…
   a) disponibilidad.
   b) incredulidad.
   c) dificultad.

Conversación 2

9. Según Carolina, en la cena familiar…
   a) lo pasaron muy bien.
   b) hicieron lo normal.
   c) no cabía nadie más.

10. Estas fiestas, Álvaro tenía la intención de…
    a) llamar a sus amigos.
    b) visitar a su familia.
    c) trabajar en casa.

Conversación 3

11. Cuando el hombre le cuenta a Clara que se ha quedado encerrado en el ascensor, Clara le dice que ella…
    a) también sufrió algo parecido una vez.
    b) entiende perfectamente su situación.
    c) nunca usa el ascensor por ese motivo.

EXAMEN 1

12. Con las medicinas que le aplicaron a la mujer, los síntomas de la enfermedad…
    a) desaparecieron.
    b) aumentaron.
    c) disminuyeron.

agudizarse

Conversación 4

13. Según Salva,
    a) el espectáculo tiene un precio muy barato.
    b) el polideportivo se llena de espectadores.
    c) los espectáculos tienen lugar simultáneamente.

14. Respecto a la invitación para ir a cenar, Julia…
    a) se muestra tímida.
    b) reacciona molesta.
    c) está indecisa.

abarrotarse –

se fue la luz

le tengo pánico a los ascensores

tengo un dilema

EXAMEN 1

COMPRENSIÓN AUDITIVA Y USO DE LA LENGUA

TAREA 3 Pista 03

Instrucciones

Usted va a escuchar una entrevista. Después debe contestar a las preguntas (15-20). Seleccione la opción correcta (A, B o C). Escuchará la entrevista dos veces.

Marque las opciones elegidas en la **Hoja de respuestas**.

PREGUNTAS

15. El libro del que se habla en esta entrevista...
    a) no recoge todo lo interesante de la ciudad.
    b) no compagina textos e imágenes de Barcelona.
    c) no se parece a otras guías turísticas existentes.

16. El entrevistado...
    a) recuerda que ahora el autor del libro tiene otras obligaciones.
    b) sostiene que el libro es un recorrido histórico por la ciudad.
    c) ha fotografiado a personas de diferentes profesiones e ideologías.

17. La escritura del libro...
    a) se hizo con motivo del estreno de una película.
    b) fue simultánea al rodaje de una película.
    c) tiene como motivo de inspiración una película.

18. Según el entrevistado, es muy difícil encontrar sitios...
    a) no masificados por el turismo.
    b) abiertos durante el verano.
    c) para tomar café en el centro.

19. La Plaza Real está rodeada de...
    a) calles muy estrechas.
    b) tiendas muy visitadas.
    c) cafés muy acogedores.

20. El entrevistado aconseja visitar algunos lugares cercanos a Las Ramblas...
    a) porque están cerca del puerto.
    b) porque no son muy bulliciosos.
    c) cuando el mar está calmado.

EXAMEN 1

COMPRENSIÓN AUDITIVA Y USO DE LA LENGUA

TAREA 4 Pista 04

Instrucciones

Usted va a escuchar diez breves diálogos. Escuchará cada diálogo dos veces. Después debe contestar a las preguntas (21-30). Seleccione la opción correcta (A, B o C).

Marque las opciones elegidas en la **Hoja de respuestas**.

PREGUNTAS

Diálogo 1

21. Sergio…
    a) no puede este jueves.
    b) no sabe jugar al tenis.
    c) es un experto jugador.

Diálogo 2

22. Para los interlocutores, Juan…
    a) es una persona muy querida.
    b) no merece ningún respeto.
    c) no conoce las reglas de juego.

Diálogo 3

23. Como su amigo faltó, Aurora…
    a) se sorprendió por su ausencia.
    b) está enfadada por no avisarle.
    c) quiere saber dónde estuvo.

¿Cómo es que no viniste?

Diálogo 4

24. Javier…
    a) le agradece su atención a Teresa.
    b) le critica el perfeccionismo a Teresa.
    c) le da permiso para no trabajar esta tarde.

Diálogo 5

25. A Fernando…
    a) le parece justo obtener una compensación.
    b) le gustaría tener una relación sentimental.
    c) se le dan bien las reparaciones domésticas.

EXAMEN 1

Diálogo 6

26. Ante el retraso de su amigo, Elena…
    a) está de acuerdo en que es muy tarde.
    b) no cree que el autobús saliera tarde.
    c) sabía que el autobús saldría tarde.

Diálogo 7

27. Juan…
    a) no quiere llamar por teléfono a sus padres.
    b) quiere decirles que no irá al cumpleaños.
    c) no recordaba la fecha del cumpleaños.

Diálogo 8

28. Según lo que dice, Merche…
    a) ya sabe en qué tienda va a comprar el regalo.
    b) puede comprar el regalo cuando vaya a verla.
    c) piensa que la tienda está muy lejos de su casa.

Diálogo 9

29. Ante la noticia del concierto de Las Musarañas, Víctor…
    a) prefiere comprar las entradas otro día.
    b) acepta la propuesta de ir a escucharlo.
    c) prefiere hablar antes con Juan y Marga.

Diálogo 10

30. Como Silvia no la llama, su madre…
    a) está enfadada.
    b) está preocupada.
    c) está desilusionada.

tener el corazón en un puño

EXAMEN 1

COMPRENSIÓN AUDITIVA Y EXPRESIÓN E INTERACCIÓN ESCRITAS

TAREA 1 Pista 05

HORA DE INICIO ___:___

Instrucciones

A continuación escuchará la primera parte de una conferencia en la que se exponen dos puntos de vista sobre el papel de las emociones y la racionalidad humana. La escuchará dos veces. Durante la audición podrá tomar notas.

Después, redactará una argumentación en la que deberá recoger los puntos principales de ambas posturas y expresar de forma justificada su punto de vista.

Número de palabras: entre 220 y 250 palabras.

HORA DE FINALIZACIÓN ___:___

EXAMEN 1

COMPRENSIÓN AUDITIVA Y EXPRESIÓN E INTERACCIÓN ESCRITAS

TAREA 2

HORA DE INICIO ___:___

Instrucciones

Elija solo una de las dos opciones que se le ofrecen a continuación.

Número de palabras: entre 180 y 220 palabras.

OPCIÓN 1

Usted va a escribir un artículo para una revista sobre las descargas en Internet de obras musicales, libros, películas, videojuegos, etc. En dicho artículo usted deberá:

- describir la situación legal en su país y detallar las medidas que se han adoptado;
- explicar los efectos que tienen las descargas para el mundo de la cultura y la creación artística;
- realizar un paralelismo con otras situaciones similares en otros campos y en otras épocas;
- indicar qué opinión tienen los usuarios de Internet de las descargas, por grupos de edad y por ocupaciones;
- expresar su opinión y valoración del tema, mencionando los aspectos positivos o negativos y qué considera más importante.

EXAMEN 1

OPCIÓN 2

Usted ha leído el siguiente artículo en un periódico de tirada nacional y se muestra en desacuerdo con algunos aspectos. Escriba una carta al Director de dicha publicación mostrando sus puntos de desacuerdo y aportando su experiencia.

Se forman pocos parados y no se colocan

Quique Rodríguez y Tamara Vázquez

Expansión y Empleo, 10 de mayo de 2014

Nuestro país es de los que menos actualiza a su población activa en general y a sus desempleados en particular. Teniendo en cuenta que el paro registrado ha superado en septiembre la barrera de los cuatro millones de personas, solo el 7% de los parados está recibiendo formación a través de los servicios públicos de empleo. Una tasa que aumenta un poco si se suman los desempleados que participan en cursos para ocupados.

Estos porcentajes se quedan a medio camino de los datos que presentan los países más avanzados de Europa, donde participa cada año en programas de formación entre el 30% y el 50% de su fuerza de trabajo.

Una de las diferencias fundamentales entre la formación de los ocupados y la de los parados es la duración de los programas. Mientras que los cursos que se desarrollan en las empresas tienen una duración media de 28 horas, los servicios públicos de empleo organizan programas de larga duración, unas 300 horas de media, que se prolongan durante varios meses, sobre todo tipo de temáticas, grupos profesionales y sectores. Pero no se trata solo de cantidad, sino también de calidad.

El sector reclama modernizar las actividades formativas para adaptarlas a las necesidades cambiantes del mercado de trabajo, renovar las metodologías y temáticas y medir su eficiencia. Pero esto requiere una mayor inversión y los formadores consideran que a los precios actuales no es posible. Sin embargo, la Administración se enfrenta a un doble reto: incrementar la tasa de profesionales formados, especialmente la de parados, y hacerlo en un momento en el que el desempleo casi se ha duplicado.

Los planes, según ha podido saber *Expansión y Empleo* en fuentes cercanas a la Administración, son reducir aún más los precios de los cursos y recortar a su vez el número de horas de los mismos, pero haciendo un esfuerzo de eficiencia para obtener resultados: que realmente los participantes accedan a un empleo.

Adaptado de *Expansión & Empleo*.

 HORA DE FINALIZACIÓN ____:____

EXAMEN 1

COMPRENSIÓN DE LECTURA Y EXPRESIÓN E INTERACCIÓN ORALES

TAREA 1

Instrucciones

Usted debe realizar una presentación oral sobre el texto adjunto. Su exposición debe incluir los siguientes puntos:

— tema central;
— ideas principales y secundarias;
— comentario sobre las ideas principales;
— intención del autor, si procede.

Dispone de entre **3 y 5 minutos**. Puede consultar sus notas, pero la presentación no puede limitarse a una lectura de las mismas.

TEXTO

El fenómeno de las aerolíneas de bajo coste ha popularizado ser usuario del avión, pasajero habitual y viajero frecuente, lo que hace pocos años era reducto de una minoría potentada. Ahora, son muchos los millones de viajeros que se mueven con la tarjeta de embarque a mano por aeropuertos de todo el mundo. La fuerte competencia entre aerolíneas por conseguir entre sus clientes a ejecutivos, al turismo de masas y a otros segmentos que se investigan con lupa para ofertarles lo más adecuado ha hecho que el viajero tenga dónde elegir.

Hay procedimientos que pueden ayudarle a conseguir su vuelo más barato, además de usar las herramientas pensadas para este fin: uno de estos procedimientos es no dar por supuesto que las compañías de bajo coste son siempre más baratas. Muchos pasajeros suponen que comprar un vuelo en una aerolínea de las denominadas de bajo coste es más barato que hacerlo en alguna otra de las que son conocidas como tradicionales.

Esto puede ser cierto en algunos casos, pero en otros muchos no, por lo que asumir que se conseguirán siempre mejores precios en este tipo de aerolíneas es un pasaporte para pagar más de lo debido por su vuelo.

Las compañías de bajo coste son especialistas en desglosar las tarifas del vuelo de forma que quede un precio de tarifa muy reducido, que después se complementa con los gastos extras en los que ellas saben que incurrirán un número de pasajeros suficiente en cada vuelo para que en promedio la operación sea lo rentable que resultaría si se cobrase inicialmente una tarifa más cara y se eliminasen los cargos extras.

Los usuarios no advertidos tienen tendencia a creer que el precio de su vuelo es la tarifa anunciada que aparece en el buscador o que, a lo más, tendrán algún pequeño cargo por servicios adicionales que pueden aceptar o rechazar, cuando las cosas son realmente muy diferentes.

EXAMEN 1

Muchas compañías tradicionales lanzan habitualmente ofertas a precios iguales o más bajos que los que ofrecen las *low cost*, para frenar la competencia y el transvase de clientes hacia las compañías de bajo coste. Examine las ofertas de las aerolíneas tradicionales y *low cost*, para lo cual tendrá que considerar no solo el precio de la tarifa, que muchas veces es el concepto menos relevante, sino también el de los diversos cargos extras que tendrá que abonar en su vuelo.

Tenga en cuenta que los *buscadores* suelen ofrecer el precio anunciado por la aerolínea, es decir, la tarifa, por lo que para conocer el precio final incluidos todos los cargos en los que pudiera incurrir (tarjeta, equipaje, gestión, etc.) tendrá que iniciar el procedimiento de compra, e incluso llegar hasta el paso anterior a la confirmación de la reserva para saber con exactitud cuánto tendrá que pagar por su vuelo. No dude en efectuar estos pasos y cancelar el proceso de compra si el precio final no se ajusta a lo que usted esperaba.

En todos los casos, pero muy especialmente si contrata el vuelo con aerolíneas de bajo coste, es necesario leer atentamente las condiciones del contrato de transporte para descubrir si hay cargos por conceptos de los que usted no se ha percatado o que desconocía totalmente.

Recientemente hemos observado que han aparecido algunas ofertas de compañías tradicionales a ciertos destinos mucho más económicas que sus equivalentes de compañías de bajo coste, con la ventaja de no viajar a aeropuertos de destino muy alejados del lugar real al cual seguramente usted se dirige.

Use un *buscador* para conocer los precios anunciados como más baratos para su vuelo y luego examine las ofertas en un mínimo de tres o cuatro proveedores (aerolíneas o agencias), considerando que no siempre los anunciados como más baratos al principio son los que tienen un mejor precio final.

No cabe duda de que las nuevas generaciones de aeronaves garantizan un viaje seguro, pero no está de más garantizar algunas coberturas para cancelaciones, *overbooking*, retrasos, pérdidas de equipaje, accidentes o enfermedades. Nunca se sabe lo que puede pasar. Pagar con tarjeta el billete añade coberturas de seguro gratuitas a las que complementariamente se obtengan, sobre todo si el viaje se acompaña de una larga estancia.

Ahora, viajar en avión exige mucho anticipo en fechas de vuelo o arriesgarse a tomar la decisión a última hora. Son las dos únicas fórmulas para obtener billetes a buen precio. El viajero precavido e infinidad de ejecutivos saben, además, que facturar equipaje es una pérdida de tiempo. Sale más rentable comprar en destino ropa, artículos de higiene y enseres privados que acarrearlos bajo el riesgo de ser perdidos, destrozados o recogidos tras demasiados minutos en la cinta de la terminal.

Adaptado de Juan-Carlos Arias. "El mundo, a dos pasos". *Cambio 16* y Eladio García.
http://blog.comprarvuelosbaratos.com/2010/08/10/las-companias-de-bajo-coste-no-son-siempre-mas-baratas/

EXAMEN 1

COMPRENSIÓN DE LECTURA Y EXPRESIÓN E INTERACCIÓN ORALES

TAREA 2 Pista 06

Instrucciones

Usted debe mantener una conversación con el entrevistador sobre el tema del texto de la Tarea 1. En la conversación, usted deberá:

– dar su opinión personal sobre el tema;
– justificar su opinión con argumentos;
– rebatir, si procede, las opiniones que exprese su interlocutor.

La conversación durará entre **4 y 6 minutos**.

Escuche ahora las preguntas del entrevistador en la **pista 06**. Detenga el reproductor para contestar después de cada pregunta.

EXAMEN 1

COMPRENSIÓN DE LECTURA Y EXPRESIÓN E INTERACCIÓN ORALES

TAREA 3 Pista 07

Instrucciones

Un par de amigos a los que les ha tocado una buena cantidad de dinero en la lotería se han reunido para decidir en qué van a invertir el dinero, de manera que dentro de unos años puedan dejar de trabajar definitivamente sin preocuparse por la subida de los precios.

Para decidir en qué tipo de empresa van a invertir tendrán en cuenta los siguientes criterios:

- la demanda de los productos o servicios que ofrezca la empresa;
- el tiempo necesario para recuperar la inversión;
- el margen de beneficios que se consigue en el negocio;
- la situación económica mundial y del país donde se quiere invertir.

Aquí tiene los cuatro tipos de empresa en los que han pensado:

EXAMEN 1

COMPRENSIÓN DE LECTURA Y EXPRESIÓN E INTERACCIÓN ORALES

Teniendo en cuenta los criterios de estos amigos y sus intereses, ¿cuál debería ser, en su opinión, el tipo de negocio que deben poner en marcha? Discuta su elección con el entrevistador hasta que ambos lleguen a un acuerdo.

Recuerde que se trata de una conversación abierta y que por tanto puede interrumpir a su interlocutor, discrepar, pedir y dar aclaraciones, argumentar sus opiniones, rebatir las del entrevistador, etc.

La duración de la conversación será de entre **4 y 6 minutos**.

Escuche las preguntas del entrevistador en la **pista 07**. Detenga el reproductor para contestar después de cada intervención.

EXAMEN 2

COMPRENSIÓN DE LECTURA Y USO DE LA LENGUA — TAREA 1

⏳ HORA DE INICIO ____:____

Instrucciones

Lea el texto y conteste a las preguntas (1-6). Seleccione la opción correcta (A, B o C).

Marque las opciones elegidas en la **Hoja de respuestas**.

TEXTO

ESTATUTOS DE LA SOCIEDAD COOPERATIVA LA ESPERANZA

CAPÍTULO II. DE LOS SOCIOS.

Art. 5. Para ser socio es necesario tener más de 18 años y superar un período de prueba de seis meses.

La solicitud de admisión se debe formular por escrito al consejo rector que debe resolver en plazo no superior a 60 días, a contar desde el recibo de aquella. El acuerdo del consejo rector desfavorable a la admisión debe ser motivado. Transcurrido dicho plazo se entenderá denegada la admisión.

Denegada la admisión podrá recurrirse por el solicitante ante el comité de recursos o, en su defecto, ante la asamblea general, en el plazo de 20 días desde la notificación del acuerdo del consejo rector o de la terminación del plazo que este tenía para resolver.

Art. 6. Los socios están obligados a cumplir los deberes legales y estatutarios.

En especial, los socios tienen las siguientes obligaciones:

– Cumplir los acuerdos válidamente adoptados por los órganos sociales de la cooperativa.

– Participar en las actividades que desarrolla la cooperativa para el cumplimiento de su fin social en la cuantía mínima obligatoria establecida en sus estatutos.

– Guardar secreto sobre aquellos asuntos y datos de la cooperativa cuya divulgación pueda perjudicar a los intereses sociales lícitos.

– No realizar actividades competitivas con las actividades empresariales que desarrolle la cooperativa, salvo autorización expresa del consejo rector.

– Aceptar los cargos para los que sean elegidos, salvo justa causa de excusa.

– Efectuar el desembolso de sus aportaciones al capital social en la forma y plazos previstos.

– Participar en las actividades de formación.

Art. 7. Corresponden a los socios los siguientes derechos:

– Ser elector y elegible para los cargos de los órganos sociales.

– Formular propuestas y participar con voz y voto en la adopción de acuerdos por la asamblea general y demás órganos sociales de los que formen parte.

– A la actualización y devolución de las aportaciones al capital social.

EXAMEN 2

Durante el período de prueba, los socios trabajadores no podrán ejercer cargos sociales ni estarán obligados a hacer aportaciones al capital social ni desembolsar la cuota de entrada. Igualmente no les alcanzará la imputación de pérdidas que se puedan producir durante dicho período.

Art. 8. Asiste a todo socio el derecho de información. Este derecho abarca:

- El acceso a los libros de registro de los socios de la cooperativa, así como al libro de actas de la asamblea general y a la obtención de copias certificadas de los acuerdos adoptados en el seno de la asamblea general.
- El conocimiento de la situación económica del socio respecto de la cooperativa, que deberá serle puesta de manifiesto por el consejo rector en plazo no posterior a un mes desde la solicitud.
- La obtención de los informes necesarios sobre la marcha de la cooperativa, que deberá serle ofrecido en la primera asamblea general que se celebre, pasados 8 días desde la solicitud.

Art. 9. El socio puede darse de baja voluntariamente de la cooperativa en cualquier momento, mediante preaviso por escrito al consejo rector. El plazo de preaviso no puede ser superior a 3 meses.

El incumplimiento del plazo de preaviso da lugar a la correspondiente indemnización por daños y perjuicios del 5%.

Tendrá la consideración de baja justificada la que se produzca como consecuencia de:

- Pérdida de los requisitos legales o estatutarios para formar parte de la cooperativa.
- Ausencia o disconformidad con cualquier acuerdo de la junta general que implique la asunción de obligaciones, cargas o gravámenes onerosos no previstos en los estatutos.
- Expulsión del socio.

La expulsión debe ser acordada, en su caso, previa audiencia del interesado, por el consejo rector, de oficio, a petición de cualquier socio o por haber perdido los requisitos para continuar siéndolo.

El socio disconforme con el acuerdo del consejo rector sobre la calificación y efectos de su baja podrá impugnarlo ante el mismo consejo rector en el plazo de siete días.

Art. 10. La pérdida de la condición de socio conlleva el derecho de este o de sus herederos de exigir el reembolso de sus aportaciones de acuerdo a las siguientes normas:

- Del importe de las aportaciones obligatorias, el consejo rector podrá acordar deducciones hasta el máximo establecido por los estatutos, que no podrá ser superior al 30% en el supuesto de baja por expulsión, ni al 20% en el de baja voluntaria no justificada.

Estas deducciones en ningún caso se pueden realizar sobre las aportaciones voluntarias, ni procederán cuando la baja sea justificada.

El socio disconforme con el acuerdo del consejo rector sobre la calificación y efectos de su baja, puede impugnarlo, pudiendo también, si lo desea, recurrirlo previamente ante el comité de recursos y, en su defecto, ante la asamblea general en el plazo de 40 días desde que tenga conocimiento del acuerdo.

- El plazo de reembolso no debe exceder de 5 años, a partir de la fecha de la baja.

Adaptado de Jon Barrenechea, Sofía Deprit, Miguel A. Ferrer y Ainoa Iriarte.
Los contratos más utilizados en la empresa. 76 modelos con comentarios. Ediciones Deusto.

EXAMEN 2

Preguntas

1. La no aceptación de un socio debe…
   a) comunicársele por escrito.
   b) estar basada en argumentos.
   c) cumplir los plazos previstos.

2. Un socio de la cooperativa no debe…
   a) desempeñar actividad mercantil similar a la de la cooperativa.
   b) participar en actividades donde pueda ser elegido para un cargo.
   c) hablar de asuntos referentes al funcionamiento de la cooperativa.

3. Durante los seis primeros meses como socios, estos…
   a) no disfrutarán de algunos derechos.
   b) son co-responsables de las pérdidas.
   c) deben pagar su cuota de ingreso.

4. Un socio de la cooperativa, según estos Estatutos, no tiene derecho a…
   a) conocer los acuerdos adoptados en las reuniones anteriores de la asamblea.
   b) disponer del estado de su cuenta para saber si tiene derecho a devoluciones.
   c) recibir un correo con información sobre el estado económico de la cooperativa.

5. Para no pertenecer a la cooperativa, el socio…
   a) debe solicitar su baja con cuatro meses de antelación.
   b) puede alegar desacuerdo con decisiones costosas.
   c) ha tenido que ser expulsado por el consejo rector.

6. Al no poseer los requisitos para formar parte de la cooperativa…
   a) los familiares y los herederos recibirán todas las aportaciones hechas.
   b) se devolverá el cien por cien de los pagos realizados por los socios.
   c) a los socios se les devolverá la totalidad del capital que hayan invertido.

 HORA DE FINALIZACIÓN ___:___

EXAMEN 2

COMPRENSIÓN DE LECTURA Y USO DE LA LENGUA — TAREA 2

⏳ **HORA DE INICIO** ___:___

Instrucciones

Lea el siguiente texto, del que se han extraído seis párrafos. A continuación lea los siete fragmentos propuestos (A-G) y decida en qué lugar del texto (7-12) hay que colocar cada uno de ellos.

HAY UN FRAGMENTO QUE NO TIENE QUE ELEGIR.

Marque las opciones elegidas en la **Hoja de respuestas**.

TEXTO

CIUDADANO "DE ALTO RIESGO"
Pablo Ximénez de Sandoval

Julio César Rodríguez, nacido hace 48 años en Quito (Ecuador), está condenado a la exclusión social. Su error fue firmar un préstamo hipotecario en los años de la fiebre inmobiliaria en España. El préstamo existe, figura en los balances, pero jamás será cobrado. Es un crédito de alto riesgo. Nadie sabe cuántos hay. Esta es la historia de uno de ellos. Rodríguez aterrizó en España el 6 de septiembre de 1996. Obtuvo papeles, trajo a su esposa y a sus tres hijos. **7** _____ Entonces "todo el mundo compraba. Los anuncios decían: *¡No regale el alquiler! ¡Sea propietario!*". Hizo el mismo cálculo que cientos de miles de españoles.

En una oficina de la inmobiliaria Tecnocasa expuso su situación. Tenía dinero y quería un piso. Ya no había que decir más. En la financiera de al lado le dijeron que su contrato indefinido de 850 euros al mes como mozo de almacén en H&M no era suficiente, pero podía sumar la nómina de su hermana, de 1.100 euros al mes como teleoperadora. Ella aceptó participar.

"Entonces, el de la oficina me dijo: 'Con estos papeles podéis comprar dos pisos en vez de uno'". Y le explicaron cómo era posible que les dieran dos créditos. "Me dijo que la forma era abrir una cuenta, con ella conseguir un crédito y comprar un piso, y antes de un mes mover el dinero a otra cuenta de otro banco y hacer lo mismo con otro piso. Me dijo que si se tardaba más tiempo, los datos llegaban al Banco de España y ya no podía comprar nada".

Con todo decidido, le anunciaron que hacía falta otra nómina más. **8** _____

Primero llevó sus 36.000 euros a una caja de ahorros que le indicaron. Después le indicaron que fuera a una sucursal de Caja Madrid determinada donde también le estaban esperando con un crédito personal listo para firmar. Al tiempo, le dijeron que sacara sus ahorros de la entidad inicial y los llevara a una determinada sucursal del Banco Guipuzcoano. Allí le estaban esperando con el crédito hipotecario concedido. Tres créditos, en tres entidades distintas, en una semana, para comprar dos pisos. Sin preguntas.

El 23 de febrero de 2006, Julio César Rodríguez firmó la escritura de su casa en San Blas. Medía 80 metros cuadrados. **9** _____ Pagaría 892 euros mensuales por el préstamo hipotecario más 250 por el préstamo personal.

EXAMEN 2

Hace dos años, Rodríguez se quedó en paro. Siguió pagando la hipoteca, sacando de donde pudo, hasta que dejó de pagar. **10** _____ "Pedí prestado, vendí un terreno que tenía en Ecuador y reuní el dinero. Al mes siguiente me dicen que debo además los costes judiciales, que eran 4.410,30 euros, a pagar en 10 días". Ya no podía pedir un euro más a nadie. Fue al banco y suplicó que se quedaran con su piso, pero no aceptaron. Con todos estos datos, los abogados que le asisten gratuitamente decidieron ir a los tribunales con este planteamiento: Rodríguez no es un moroso, sino que ha sido engañado.

El pasado 14 de mayo, Julio César fue desahuciado. **11** _____ La situación de Julio César es que debe la mitad del piso según su tasación, más las costas judiciales de su desahucio, más los intereses, más las costas judiciales del procedimiento contra sus avalistas, que son su hermana y su cuñado. Julio César Rodríguez, ecuatoriano en paro de 48 años que trabajó hasta ahorrar 36.000 euros y quiso comprarse una casa, debe hoy 325.000 euros.

Rodríguez vive en casa de su hijo mayor, militar del Ejército español de 22 años, con la esposa de este y un niño pequeño. **12** _____

No le queda absolutamente nada. Jamás podrá pagar su deuda.

Adaptado de http://www.elpais.com/articulo/reportajes/Ciudadano/subprime/elpepusocdmg/20101031elpdmgrep_10/Tes

FRAGMENTOS

A.	Vivieron de alquiler en Aluche, al oeste de Madrid, por 375 euros al mes. A principios de 2006, había ahorrado 36.000 euros en diez años de trabajo.
B.	El banco inició el procedimiento de ejecución. Cuando ya se veía en la calle, intentó resolver la deuda. Con 14.500 euros, le indicaron, se ponía al corriente de pago.
C.	Tras la subasta de la casa, el banco se la quedó por la mitad de su valor de tasación, es decir, 177.000 euros. Con la ley hipotecaria española, la deuda no se acaba ahí, sino que el deudor responde con su patrimonio hasta saldar el total.
D.	Después le observaron que faltaban 1.500 más. Pidiendo favores, sacó 1.600 euros.
E.	Aceptaron la de su cuñado, a pesar de que ya era propietario de un piso y avalista de otro. La siguiente semana, Julio César se ocupó solo de abrir cuentas bancarias por orden de la gestoría.
F.	Julio César cobra, por ahora, la ayuda de 426 euros del Gobierno, inembargable por ley. Si consiguiera un trabajo, le embargarían el sueldo.
G.	No tenía ascensor y tenía más de 40 años de antigüedad. La compró con un crédito de 283.000 euros del Guipuzcoano, más 12.000 del crédito personal de Caja Madrid, para cubrir todos los gastos.

HORA DE FINALIZACIÓN ___:___

EXAMEN 2

COMPRENSIÓN DE LECTURA Y USO DE LA LENGUA — TAREA 3

HORA DE INICIO ___:___

Instrucciones

Lea el texto y responda a las preguntas (13-18). Seleccione la opción correcta (A, B o C).

Marque las opciones elegidas en la **Hoja de respuestas**.

TEXTO

Creemos con firmeza que los Ministerios de Relaciones Exteriores van a continuar desempeñando un papel decisivo en la conducción de los asuntos mundiales y que la diplomacia es el método más efectivo de lograr, recuperar y mantener la coexistencia pacífica entre las naciones. Las anécdotas que predicen el fin de la diplomacia van a tener que esperar hasta que los terrícolas se deshagan de sus fragilidades. Tal vez entonces los conflictos de intereses que han acompañado siempre a los humanos puedan desvanecerse y podríamos dar a la diplomacia un bien merecido descanso. Pero hasta la llegada de ese momento mágico, la diplomacia va a continuar siendo la herramienta más confiable y civilizada para prevenir disputas o llevar la paz a una comunidad crecientemente más amplia e interconectada, eternamente aplastada por tensiones y peligros. Hacemos esta "declaración de principios" en vista de que algunos especialistas aluden a la declinación de los Ministerios de Relaciones Exteriores. Al contrario, los Ministerios de Relaciones Exteriores en todo el mundo mantienen la posición clave de intérpretes válidos del pensamiento y voz de sus países en sus relaciones con otras naciones.

No obstante, también es absolutamente cierto que las últimas décadas han presenciado la aparición de otros actores que reclaman su parte en el ámbito internacional: los Parlamentos, las ONG, otras agencias estatales, el mundo académico, los negocios, los sindicatos y, por supuesto, los medios de comunicación. Como consecuencia, los Ministerios de Relaciones Exteriores no tienen hoy el monopolio —si es que alguna vez lo tuvieron— de la participación en el manejo de los asuntos mundiales. De todos modos, un servicio diplomático con recursos adecuados y, sobre todo, dotado de buen personal puede ofrecer un significativo incremento de poder e influencia a los Estados. Sin duda, esta es una de las muchas razones que están detrás de los esfuerzos de un país por proporcionar a sus diplomáticos el mejor entrenamiento que pueda pagar.

El papel de un Ministerio de Relaciones Exteriores como institución formativa puede, por cierto, ir mucho más allá de la tarea fundamental de formar diplomáticos: el incremento de poder e influencia tiene un efecto multiplicador muy fuerte si el Ministerio de Relaciones Exteriores ofrece, asimismo, apoyo a establecimientos públicos o privados relacionados con terceros países haciendo uso, cuando sea necesario para lograr este objetivo, de centros regionales dirigidos por el Ministerio de Relaciones Exteriores para acceder a los lugares más aislados de su propio territorio. En todo caso, esta es una materia que merece ser examinada para considerar las múltiples funciones que un Ministerio de Relaciones Exteriores puede cumplir en el campo internacional para fortalecer su política exterior.

EXAMEN 2

El reconocimiento de la importancia de una buena formación diplomática tiene una larga historia. Ya era un requisito durante el Renacimiento cuando las primeras embajadas permanentes fueron establecidas.

Por su propia naturaleza, los Ministerios de Relaciones Exteriores son las instituciones básicamente responsables de la formulación, planificación y ejecución de las políticas exteriores de cada país y, en consecuencia, resulta obvio que deberían ser también los mejor calificados para asumir esta tarea de formación o, en casos excepcionales, cumplirla mediante otros centros de aprendizaje. Lo mismo puede decirse con respecto a la enseñanza de diplomacia.

Así, en nuestros días, una vez que un candidato ha sido seleccionado, su próximo paso será iniciar estudios en la Academia Diplomática, o recibir entrenamiento en acción en su Ministerio de Relaciones Exteriores donde, seguramente, parte importante de la plantilla docente estará constituida por diplomáticos activos o en retiro.

En la Academia Diplomática la instrucción es, básicamente, proporcionada mediante cursos que pueden durar hasta dos años y requieren completar un programa establecido. En el 18% de los casos, tales estudios pueden otorgar al candidato la posibilidad de obtener un título de postgrado. Sin embargo, en los Centros de Formación la instrucción se ofrece con cursos más breves, que varían desde una semana a varios meses y es seguido por largos períodos de entrenamiento en el Ministerio de Relaciones Exteriores y en misiones en el exterior. Pero, cualquiera que sea el nombre, existen todos con un mismo propósito: reclutar funcionarios de primera clase para el Servicio Exterior y dar a estos, durante toda su carrera, la mejor educación profesional y entrenamiento.

Adaptado de Rolando Stein Brygin, "Formación de diplomáticos en el mundo". *Diplomacia*.

EXAMEN 2

Preguntas

13. Según el texto, la diplomacia…
    a) es consustancial al género humano desde su origen.
    b) desaparecerá si no hay paz duradera en el mundo.
    c) será necesaria mientras los humanos disputen.

14. Según el autor del texto, en la actualidad, la exclusividad de las relaciones internacionales…
    a) corresponde a los Ministerios de Relaciones Exteriores.
    b) no la ostentan los servicios diplomáticos de cada país.
    c) nunca va a pertenecer a los nuevos agentes sociales.

15. Una buena formación de los diplomáticos…
    a) asegura que participarán en decisiones importantes.
    b) permite que manipulen la opinión pública mundial.
    c) tiene como objetivo hacer más influyente a su país.

16. Según el texto…
    a) un Ministerio de Relaciones Exteriores debe limitarse a formar a su personal diplomático.
    b) la función formativa de un Ministerio de Relaciones Exteriores afianza el protagonismo de su país.
    c) nunca se debe encomendar la tarea de formar diplomáticos a otros organismos internacionales.

17. La preparación de los embajadores…
    a) es algo obligatorio desde el origen de la diplomacia.
    b) se imparte obligatoriamente en los propios Ministerios.
    c) fue una actividad continuada en la época renacentista.

18. Los cursos de la Academia Diplomática…
    a) suelen ser impartidos por ex-embajadores.
    b) dan al estudiante la titulación de doctor.
    c) pueden ser extraordinariamente breves.

HORA DE FINALIZACIÓN ___:___

EXAMEN 2

COMPRENSIÓN DE LECTURA Y USO DE LA LENGUA — TAREA 4

⏳ **HORA DE INICIO** ___:___

Instrucciones

A continuación tiene seis textos (A-F) y ocho enunciados (19-26). Léalos y elija la letra del texto que corresponda a cada enunciado.

RECUERDE QUE HAY TEXTOS QUE DEBEN SER ELEGIDOS MÁS DE UNA VEZ.

Marque las opciones elegidas en la **Hoja de respuestas**.
A continuación leerá información sobre las bibliotecas digitales españolas y los servicios que prestan a través de Internet.

TEXTOS

A) Universidad Abierta de Cataluña

La biblioteca de esta Universidad es el ejemplo más acabado de biblioteca digital. Destaca por su total virtualidad, sin emplazamiento físico real. A través de ella se puede acceder a todo tipo de acciones y servicios propios de cualquier universidad presencial y sobre todo tener acceso a otros recursos y servicios a los que no se podría acceder si no se tratara de una comunidad virtual: catálogo, préstamo en línea, complementos a la información bibliográfica, hemeroteca, bases de datos de textos electrónicos, motor de búsqueda, información bibliográfica, mostrador virtual de información, Servicio de Obtención de Documentos, Difusión Selectiva de Información y préstamo de documentos.

B) Biblioteca Miguel de Cervantes

Es el proyecto más ambicioso de digitalización documental de obras clásicas a través de la aplicación de nuevos métodos de edición electrónica para grandes masas de información documental. Esta iniciativa de la Universidad de Alicante en colaboración con el Banco Santander Central Hispano proyecta, en una primera fase, la digitalización de 30.000 obras, en su mayor parte en castellano y en otras lenguas peninsulares, proporcionando el acceso gratuito a una comunidad internacional del patrimonio científico y literario de una población hispanohablante cercana a los 500 millones de habitantes. El abanico de personas interesadas es muy amplio, desde los historiadores de las diferentes ramas de la ciencia (filólogos, historiadores de la filosofía y del arte, bibliógrafos e historiadores del libro) hasta cualquier persona culta que goce con la palabra escrita a través de los tiempos.

C) Universidad Complutense

Este ambicioso proyecto, denominado Dioscórides, ha sido posible gracias a la colaboración de la Biblioteca de la Universidad Complutense y la Fundación Ciencias de la Salud. Mediante un proceso de almacenamiento en archivo óptico, la comunidad científica tendrá a su disposición el fondo bibliográfico histórico biomédico de los siglos XV al XVIII existente en las Bibliotecas de la Universidad Complutense de Madrid. De esta manera, cualquier usuario podrá utilizar en su lugar de trabajo una riquísima colección de textos de interés histórico sanitario con una rapidez difícil de imaginar hace muy pocos años. Permite la consulta en línea del catálogo desde cualquier ordenador conectado a la Red, pero la consulta de los libros digitalizados solo se puede realizar desde las bibliotecas de Farmacia y Medicina de la Universidad Complutense.

D) Biblioteca Virtual Juan Luis Vives

Proyecto fruto de un acuerdo entre la Universidad de Alicante y la red de Universidades que integran el Instituto Juan Luis Vives. Con este acuerdo se pretende, por un lado, aprovechar los fondos digitalizados existentes en la red y, por otro, proponer y hacer efectiva la edición digital de las obras más representativas de la cultura catalana, valenciana y balear, todas ellas publicadas antes de 1911. Por sus características, la consulta en esta Biblioteca permite no solo preservar valiosos ejemplares del deterioro lógico sufrido por el paso del tiempo sino también hacerlos más asequibles tanto a estudiantes como a investigadores.

E) Biblioteca Digital de la Organización de Estados Iberoamericanos (OEI)

La Biblioteca Digital de la Organización de Estados Iberoamericanos para la Educación, la Ciencia y la Cultura tiene como objetivo divulgar las publicaciones de la propia OEI con mayor demanda y cuyas existencias se encuentran prácticamente agotadas, así como aquellas que vaya editando el organismo. A esta sección se irán incorporando de forma paulatina nuevos servicios y títulos como, por ejemplo, documentos producidos por foros regionales o subregionales, ministerios de los Estados miembros, etc.

F) Parnaseo

Subvencionada por el Ministerio de Educación y Cultura y por la Consejería de Educación de la Generalitat Valenciana. En Parnaseo se pueden encontrar actualmente diferentes secciones como las de Lemir o Ars Theatrica, que tratan sobre aspectos literarios relativos a la Literatura Española Medieval y del Renacimiento o el Teatro Español, así como secciones de Textos Facsimilares, donde el estudiante o el investigador podrán comprobar los sistemas de edición de otras épocas, sin tener que desplazarse para ello a bibliotecas especializadas. Además, existen enlaces a otros servidores de Literatura Española y acceso a los catálogos de las Bibliotecas Nacionales e Internacionales.

Adaptado de Ángeles Maldonado Martínez. *La información especializada en Internet. Directorio de recursos de interés académico y profesional.* Consejo Superior de Investigaciones Científicas.

EXAMEN 2

ENUNCIADOS

19. Es una colección especializada en una rama del saber.

　　　A)　　　B)　　　C)　　　D)　　　E)　　　F)

20. Se ofrecen libros y revistas que es difícil encontrar en el mercado.

　　　A)　　　B)　　　C)　　　D)　　　E)　　　F)

21. No está destinada solo a especialistas.

　　　A)　　　B)　　　C)　　　D)　　　E)　　　F)

22. Se reproducen fielmente las ediciones en su formato original.

　　　A)　　　B)　　　C)　　　D)　　　E)　　　F)

23. Esta biblioteca no existe más que en Internet.

　　　A)　　　B)　　　C)　　　D)　　　E)　　　F)

24. Los libros solo se pueden consultar en la biblioteca de las propias Facultades.

　　　A)　　　B)　　　C)　　　D)　　　E)　　　F)

25. Podrán consultarse los textos que aparezcan como novedades.

　　　A)　　　B)　　　C)　　　D)　　　E)　　　F)

26. Su intención es proteger los ejemplares del desgaste que provoca su uso.

　　　A)　　　B)　　　C)　　　D)　　　E)　　　F)

HORA DE FINALIZACIÓN ___:___

EXAMEN 2

COMPRENSIÓN DE LECTURA Y USO DE LA LENGUA — TAREA 5

HORA DE INICIO ____:____

Instrucciones

Lea el texto y rellene los huecos (27-40) con la opción correcta (A, B o C).

Marque las opciones elegidas en la **Hoja de respuestas**.

TEXTO

Eran las cinco de la tarde de un martes de finales de abril. Julio Orgaz **27** _____ de la consulta de su psicoanalista diez minutos antes; atravesó Príncipe de Vergara y ahora entraba en el parque de Berlín intentando negar con los movimientos del cuerpo la ansiedad que **28** _____ su mirada.

El viernes anterior no había conseguido ver a Laura en el parque, y ello le había producido una aguda **29** _____ de desamparo; la magnitud del desamparo lo había llevado a imaginar el infierno en que **30** _____ convertirse su vida si esta ausencia llegara a prolongarse.

Cómo había crecido ese sentimiento y a expensas de qué zonas de su personalidad, eran cuestiones que Julio había procurado no abordar, pese a su antiguo hábito –reforzado en los últimos tiempos por el psicoanálisis– de analizar todos aquellos movimientos que parecían actuar **31** _____ margen de su voluntad. Recordó, sin embargo, la primera vez que había visto a Laura, hacía ahora **32** _____ tres meses. Fue un martes, blanqueado por el sol de media tarde, del pasado mes de febrero. Como todos los martes y viernes desde hacía un par de meses, se había despedido **33** _____ doctor Rodó a las cinco menos diez. Cuando ya se **34** _____ a su despacho, lo invadió una sensación de plenitud corporal, de fuerza, que le había hecho valorar de súbito la tonalidad de la tarde. Olía un poco a primavera. Entonces decidió desechar la ruta habitual y atravesar el parque de Berlín, dando un pequeño **35** _____, para gozar de aquella misma sensación de bienestar que la situación atmosférica parecía compartir **36** _____ él.

El parque estaba discretamente poblado por amas de casa que habían llevado a sus hijos a tomar el sol. Julio se **37** _____ en Laura enseguida. Estaba sentada en un banco, entre dos señoras, con las que parecía conversar. Su rostro, y el resto de su anatomía en general, eran vulgares, pero debieron remitirle a algo antiguo, y desde luego oscuro, en lo que sintió que debía haber estado implicado. Laura **38** _____ unos treinta y cinco años y llevaba una melena que se rizaba en las puntas.

Julio se sentó en un banco cercano, desplegó el periódico y se dedicó a observarla. A medida que pasaba el tiempo aumentaba su desazón, porque penetraba en él con más fuerza el sentimiento de que algo **39** _____ que poseía esa mujer era suyo también, o lo había sido en una época remota; lo cierto es que su modo de mirar y de sonreír alteró la situación sentimental de quien desde ese día, cada martes y viernes a las cinco de la tarde, **40** _____ en el parque con el único objeto de contemplar a aquella mujer.

Adaptado de Juan José Millás. *El desorden de tu nombre*. Alfaguara.

EXAMEN 2

OPCIONES

27.	a) salía	b) saldría	c) había salido
28.	a) reflejaba	b) reflejaría	c) había reflejado
29.	a) crisis	b) sensación	c) prueba
30.	a) pudiera	b) podría	c) puede
31.	a) en	b) de	c) al
32.	a) los	b) unos	c) esos
33.	a) del	b) al	c) con el
34.	a) ha dirigido	b) dirigió	c) dirigía
35.	a) rodeo	b) atajo	c) camino
36.	a) para	b) con	c) de
37.	a) fijó	b) enamoró	c) acordó
38.	a) tuviera	b) habrá tenido	c) tendría
39.	a) de lo	b) con la	c) por el
40.	a) entre	b) entraría	c) entrara

 HORA DE FINALIZACIÓN ___:___

EXAMEN 2

COMPRENSIÓN AUDITIVA Y USO DE LA LENGUA

TAREA 1 Pista 08

Instrucciones

Usted va a escuchar una conferencia en la que se tomaron las siguientes anotaciones. Luego deberá elegir para cada anotación (1-6) la palabra o fragmento de frase correspondiente entre las doce opciones que aparecen debajo (A-L). Escuchará la audición dos veces.

Marque las opciones seleccionadas en la **Hoja de respuestas**.

Ahora dispone de 1 minuto para leer las anotaciones:

1. La ciencia ha descubierto que algunas _____ químicas presentes en las aguas minerales de montaña permiten la curación de tumores.

2. La hidroterapia, además de tener una finalidad estética, sirve para la prevención de _____ y como relajación del estrés.

3. Las altas _____ del agua utilizada en los baños de azufre permiten, entre otras ventajas, estimular la circulación de la sangre.

4. Los seres humanos, cuando no disponían de medicamentos para sus dolores, aprendieron de los animales que acudían a curar sus _____ en los manantiales de aguas termales.

5. Desde el tiempo de los romanos, se ha buscado el equilibrio a través del agua, el aire, la tierra y las _____ medicinales.

6. Los baños de agua caliente y una alimentación sana, se utilizan para superar dolencias en los músculos y en las _____.

OPCIONES

A.	complicaciones	G.	terapias
B.	heridas	H.	temperaturas
C.	desventajas	I.	articulaciones
D.	enfermedades	J.	infecciones
E.	precauciones	K.	sustancias
F.	plantas	L.	concentraciones

EXAMEN 2

COMPRENSIÓN AUDITIVA Y USO DE LA LENGUA

TAREA 2 Pista 09

Instrucciones

Usted va a escuchar cuatro conversaciones. Escuchará cada conversación dos veces. Después debe contestar a las preguntas (7-14). Seleccione la opción correcta (A, B o C).

Marque las opciones elegidas en la **Hoja de respuestas**.

PREGUNTAS

Conversación 1

7. ¿Cuál es la comida que menos le gusta a la chica?
   a) La fruta.
   b) La carne.
   c) El pescado.

8. En cuestiones de redes sociales, el chico…
   a) no está demasiado interesado.
   b) no está excesivamente preparado.
   c) no se ha iniciado todavía.

Conversación 2

9. ¿Cómo es el piso en el que vive ahora la señora?
   a) pequeño y distante.
   b) viejo y destartalado.
   c) luminoso y encantador.

10. Lo que peor lleva esta mujer es…
    a) vivir en las afueras.
    b) tener que madrugar.
    c) coger el autobús.

Conversación 3

11. El estreno de Linares Cuevas…
    a) trata un tema rural hispano.
    b) se parece a su primera obra.
    c) será un éxito de espectadores.

EXAMEN 2

12. ¿Qué opinión tiene el presentador sobre el grupo musical que actúa el sábado?
    a) Es un grupo para chicas.
    b) Actúan demasiado tarde.
    c) Hacen una música perfecta.

Conversación 4

13. El Departamento de Ventas…
    a) es el favorito del Gerente.
    b) tiene normas diferentes.
    c) no cumple los requisitos.

14. La percepción que tienen los dos empleados es que…
    a) están muy motivados para corregir fallos.
    b) se sienten tratados de forma desigual.
    c) no es bueno alargar la jornada de trabajo.

EXAMEN 2

COMPRENSIÓN AUDITIVA Y USO DE LA LENGUA

TAREA 3 Pista 10

Instrucciones

Usted va a escuchar una entrevista. Después debe contestar a las preguntas (15-20). Seleccione la opción correcta (A, B o C). Escuchará la entrevista dos veces.

Marque las opciones elegidas en la **Hoja de respuestas**.

PREGUNTAS

15. Cuando era pequeño, Diego Urbina…
    a) jugaba en Colombia a ser astronauta.
    b) deseaba ir a Italia para ser astronauta.
    c) no creía posible ser astronauta en Colombia.

16. Según el entrevistado,
    a) para realizar el experimento era necesario estudiar un Máster en Estudios Espaciales.
    b) la simulación se hizo con el cálculo del trayecto más corto entre Marte y la Tierra.
    c) lo seleccionaron porque había hecho un trabajo parecido en la Universidad italiana.

17. Para Diego, vivir en otro planeta…
    a) resultaría positivo para la humanidad.
    b) es un paso lógico en la carrera espacial.
    c) es lo más grande que podría sucederle.

18. En el transcurso de esta misión…
    a) su familia lo ha acompañado en todo momento.
    b) no se ha sentido solo en ningún momento.
    c) la comprensión de su entorno fue fundamental.

19. Sus compañeros de aventura y él…
    a) discutían sobre la calidad de la comida.
    b) no podían gastar mucha agua para cocinar.
    c) mantenían charlas sobre la dieta alimenticia.

20. Durante los 520 días que duró el experimento…
    a) siempre comieron los mismos productos.
    b) la alimentación no era demasiado variada.
    c) tenían que comérselo absolutamente todo.

EXAMEN 2

COMPRENSIÓN AUDITIVA Y USO DE LA LENGUA

TAREA 4 Pista 11

Instrucciones

Usted va a escuchar diez breves diálogos. Escuchará cada diálogo dos veces. Después debe contestar a las preguntas (21-30). Seleccione la opción correcta (A, B o C).

Marque las opciones elegidas en la **Hoja de respuestas**.

PREGUNTAS

Diálogo 1

21. Alicia le responde a Antonio que…
    a) no quería que su marido fuera al cumpleaños.
    b) no cree que haya nada malo en lo que hizo su marido.
    c) no puede creer la información que le están dando.

Diálogo 2

22. Estrella le responde a Alfredo…
    a) agradeciéndole lo que ha hecho por ella.
    b) pidiéndole perdón por no haberlo hecho.
    c) proponiéndole devolverle el favor pronto.

Diálogo 3

23. Jorge, al contestarle a Silvia…
    a) le muestra su enfado por decírselo tarde.
    b) le reprocha que siempre se retrase.
    c) le advierte que no es aconsejable ir.

Diálogo 4

24. Mónica le responde a Pedro que…
    a) no quiere salir de casa.
    b) no puede tomar helado.
    c) no quiere ir al parque.

Diálogo 5

25. Elvira le dice a Roberto…
    a) que ha tenido mucha suerte.
    b) que lo felicita por la noticia.
    c) que ahora tendrá que esforzarse.

EXAMEN 2

Diálogo 6

26. Raquel cree que el puesto de Marta…
    a) será el mismo que antes.
    b) era mejor antes que ahora.
    c) es peor ahora que antes.

Diálogo 7

27. Fernando cree que esa noticia…
    a) es una solución estupenda.
    b) es una medida sin sentido.
    c) era necesaria hace tiempo.

Diálogo 8

28. Según Encarna, Carlos…
    a) va a tener malos resultados de su experiencia.
    b) no está suficientemente capacitado para pintar.
    c) puede abandonar su profesión definitivamente.

Diálogo 9

29. Según lo que pregunta Isabel…
    a) no recuerda el nombre del autor.
    b) el autor parece ser que ha muerto.
    c) el autor no publica desde hace años.

Diálogo 10

30. César responde que…
    a) sus paellas están muy ricas.
    b) ha conseguido varios premios de cocina.
    c) suele comer muchos platos de paella.

EXAMEN 2

COMPRENSIÓN AUDITIVA Y EXPRESIÓN E INTERACCIÓN ESCRITAS

TAREA 1 Pista 12

HORA DE INICIO ___:___

Instrucciones

A continuación escuchará la primera parte de una conferencia en la que se exponen los retos y las características del periodismo científico. La escuchará dos veces. Durante la audición podrá tomar notas.

Después, redactará una argumentación en la que deberá recoger los puntos principales de ambas posturas y expresar de forma justificada su punto de vista.

Número de palabras: entre 220 y 250 palabras.

HORA DE FINALIZACIÓN ___:___

EXAMEN 2

COMPRENSIÓN AUDITIVA Y EXPRESIÓN E INTERACCIÓN ESCRITAS

TAREA 2

 HORA DE INICIO ___:___

Instrucciones

Elija solo una de las dos opciones que se le ofrecen a continuación

Número de palabras: entre 180 y 220 palabras.

OPCIÓN 1

Usted va a escribir un correo electrónico a un amigo recomendándole que asista a un concierto. En dicho correo usted deberá:

— hacer una breve descripción del tipo de música de que se trata;
— comentar qué obras o temas se interpretan;
— hablar de la puesta en escena, el local donde se celebró y el desarrollo del concierto;
— compararlo con otros conciertos a los que ha asistido;
— expresar su opinión y valoración general del concierto, mencionando los aspectos más positivos y los que se podrían mejorar.

EXAMEN 2

OPCIÓN 2

Usted ha recibido la siguiente factura de su compañía telefónica y quiere reclamar el importe puesto que usted no ha realizado la mayoría de esas llamadas. Escriba una carta de reclamación argumentando los motivos por los que exige la devolución del dinero.

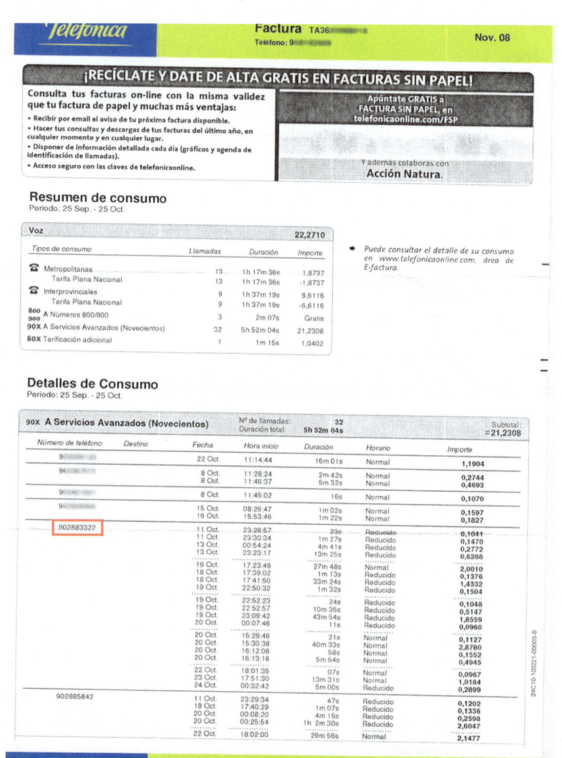

http://www.llamarbaratoa.com/images/FC902.jpg

 HORA DE FINALIZACIÓN ___:___

EXAMEN 2

COMPRENSIÓN DE LECTURA Y EXPRESIÓN E INTERACCIÓN ORALES

TAREA 1

Instrucciones

Usted debe realizar una presentación oral sobre el texto adjunto. Su exposición debe incluir los siguientes puntos:

- tema central;
- ideas principales y secundarias;
- comentario sobre las ideas principales;
- intención del autor, si procede.

Dispone de entre **3 y 5 minutos**. Puede consultar sus notas, pero la presentación no puede limitarse a una lectura de las mismas.

TEXTO

Es sorprendente la enorme atracción que ejerce el deporte sobre los seres humanos, la importancia que la mayoría de nosotros concede a las manifestaciones deportivas. Aunque, si lo pensamos detenidamente, lo que verdaderamente sorprende es que, para muchos millones de seres humanos, educados en las más diversas culturas e ideologías, sea más interesante contemplar cómo otros practican deporte que practicarlo ellos mismos. Y otro aspecto, la facilidad para identificarnos con unos u otros deportistas, de alegrarnos o sufrir con ellos, incluso de enorgullecernos o avergonzarnos con sus aciertos, errores, triunfos y derrotas.

Es evidente que al lado del deporte crecen grandes intereses que se benefician del interés que genera y de esa casi inigualable capacidad de crear seguidores que posee. Aunque en ocasiones se haya expresado lo contrario, el interés por el deporte no es una creación social, como tampoco lo son, por poner unos ejemplos, el placer que causa la belleza (la pintura, la música, etcétera), la necesidad de alimento o de salud. La expectación por el deporte (no la práctica deportiva) está tan extendida, es tan intercultural y tan atemporal, que la explicación más razonable es que forma parte del comportamiento de nuestra especie.

Pero no todos los deportes atraen por igual la atención. ¿Qué características tienen los denominados deportes de masas? Con muy pocas excepciones, no se practican individualmente y no se limitan a la manifestación de una destreza. Fútbol, *rugby* o baloncesto son deportes de equipo, en los que hay una planificación previa a cada competición. Antes de que comience el evento deportivo, es muy importante para el espectador conocer la estrategia (alineación, disposición de los jugadores, etcétera) que utilizarán los equipos rivales. Si no la conoce, la intentará descifrar durante el encuentro. Y, por supuesto, también disfrutará de los movimientos tácticos, de la capacidad de improvisación, de la inteligencia de los jugadores, de su destreza, de la preparación física e, incluso, de los engaños al rival que permiten los reglamentos.

EXAMEN 2

Todas estas características, en sus aspectos más básicos, debieron de ser esenciales en las sociedades más primitivas, llamadas de cazadores-recolectores. En particular, cuando se formaban partidas para ir a cazar o para enfrentarse con un grupo rival.

Para estos cazadores y ocasionales guerreros, no solo era importante la destreza con las armas, la preparación física, la improvisación o el saber engañar al contrario o a la pieza de caza. Debió de ser vital planificar previamente la acción. En los más de 150.000 años que nuestra especie ha llevado una vida como cazadora-recolectora, probablemente se seleccionó la predisposición a interesarse por todo lo relativo a las partidas de caza o de guerra. A menudo, todos los hombres no podrían formar parte de estas partidas, bien por su edad avanzada o porque tuvieran que quedarse para defender a los otros miembros del grupo. Pero aquellos grupos en los que una mayoría de individuos participase en la planificación de las acciones, se interesara vivamente por las características que tendrían que tener los escogidos en cada caso y, muy importante también, se identificase emocionalmente con los cazadores o guerreros de su grupo, probablemente tendrían ventaja sobre los demás.

Por lo tanto, una predisposición a interesarse por todo lo relativo a la formación y éxito de las partidas de caza o de guerreros, y a ligarse emocionalmente a ellas, pudo fijarse en nuestra especie, en el pasado, porque constituía una ventaja selectiva en la competencia entre unos grupos humanos y otros por la caza, el agua, el territorio, etc. Los individuos que lo poseyeran y los grupos en los que este comportamiento fuera dominante, tendrían más probabilidades de prevalecer y de desplazar y marginar a sus rivales.

En las sociedades modernas, las armas de fuego, la escasez de animales peligrosos y las modificaciones en el territorio (caminos, carreteras, eliminación de bosques, etcétera) ha determinado que la caza ya no sea una actividad colectiva, ni que requiera tanta planificación y esfuerzo como antaño. Los combates entre grupos en el pasado también son muy distintos ahora. En las gigantescas sociedades modernas, la planificación de las guerras es competencia de unos pocos individuos, y la utilización de los medios bélicos de nuestros días está muy alejada de la experiencia del ciudadano medio.

Es muy común encontrar en los seres vivos algunos caracteres físicos que se desarrollaron y seleccionaron para realizar funciones en el pasado que son distintas de las que realizan en la actualidad. De manera similar, la predisposición a interesarse por todo lo relativo a las partidas de cazadores y de guerreros habría sido un carácter del comportamiento útil durante una larga etapa de la existencia de nuestra especie, pero ya no proporciona ventaja biológica al individuo que lo posee. Ese interés se orienta ahora hacia la confrontación ritualizada y muy reglamentada de dos grupos de guerreros, de dos equipos de deportistas que despliegan las mismas habilidades y destrezas básicas que los cazadores-guerreros paleolíticos.

Adaptado de Antonio Sánchez Marco. "Afición al deporte: ¿Una predisposición biológica?", *El País*.

EXAMEN 2

COMPRENSIÓN DE LECTURA Y EXPRESIÓN E INTERACCIÓN ORALES

TAREA 2 Pista 13

Instrucciones

Usted debe mantener una conversación con el entrevistador sobre el tema del texto de la Tarea 1. En la conversación, usted deberá:

— dar su opinión personal sobre el tema;
— justificar su opinión con argumentos;
— rebatir, si procede, las opiniones que exprese su interlocutor.

La conversación durará entre **4 y 6 minutos**.

Escuche ahora las preguntas del entrevistador en la **pista 13**. Detenga el reproductor para contestar después de cada pregunta.

EXAMEN 2

COMPRENSIÓN DE LECTURA Y EXPRESIÓN E INTERACCIÓN ORALES

TAREA 3 Pista 14

Instrucciones

Una empresa de inversores ha decidido publicar un periódico y sus directivos se han reunido para elegir el tipo de publicación que van a sacar a la venta en los próximos meses.

Para elegir el tipo de publicación que van a editar, los inversores van a tener en cuenta los siguientes criterios:

– la temática y la información que va a contener;
– la novedad y necesidad de esa publicación;
– el público que la puede comprar y su poder adquisitivo;
– la demanda del producto, los costes de producción y los posibles beneficios.

Aquí tiene los cuatro diseños seleccionados:

EXAMEN 2

COMPRENSIÓN DE LECTURA Y EXPRESIÓN E INTERACCIÓN ORALES

Teniendo en cuenta los criterios de la empresa, ¿cuál debería ser, en su opinión, el tipo de publicación elegido? Discuta su elección con el entrevistador hasta que ambos lleguen a un acuerdo.

Recuerde que se trata de una conversación abierta y que, por tanto, puede interrumpir a su interlocutor, discrepar, pedir y dar aclaraciones, argumentar sus opiniones, rebatir las del entrevistador, etc.

La duración de la conversación será de entre **4 y 6 minutos**.

Escuche las preguntas del entrevistador en la **pista 14**. Detenga el reproductor para contestar después de cada intervención.

EXAMEN 3

COMPRENSIÓN DE LECTURA Y USO DE LA LENGUA — TAREA 1

HORA DE INICIO ___:___

Instrucciones

Lea el texto y conteste a las preguntas (1-6). Seleccione la opción correcta (A, B o C).

Marque las opciones elegidas en la **Hoja de respuestas**.

TEXTO

PÓLIZA DE SEGURO COLECTIVO

ARTÍCULO 1. COBERTURA DE GASTOS POR PRESTACIONES DE ASISTENCIA SANITARIA.

La Entidad Aseguradora reembolsará en su totalidad cualquier gasto por la realización de pruebas diagnósticas, actos médicos, actos quirúrgicos o cualquier aplicación de otro tipo de técnica prescrita por un médico, ya sea en régimen de consulta o de hospitalización, a todos los titulares cubiertos por la póliza.

Dentro de los gastos mencionados se encuentran los siguientes:

1. Gastos de hospitalización, entendiéndose por tal la asistencia médica, quirúrgica, obstétrica o pediátrica, recibida en centros hospitalarios, así como los costes por rehabilitación, manutención, medicinas, enfermería de planta, etc.

2. Los gastos derivados de la presencia de un acompañante en el centro hospitalario, si ello lo exigiera, durante los días que dure la hospitalización del asegurado.

3. Los honorarios de profesionales titulados de enfermería para cuidados de enfermería de carácter privado, recomendado por un médico.

4. Los gastos por prestaciones recibidas de urgencias hospitalarias y extrahospitalarias.

5. Los gastos por transplantes e injertos óseos. El transplante de órganos se realizará conforme a lo establecido en la legislación vigente del país donde se produzca. La entidad aseguradora asumirá todos los gastos médicos relativos al transplante del órgano o tejido. Quedan expresamente excluidos los transplantes de carácter experimental.

6. Los gastos derivados del diagnóstico y tratamiento de la esterilidad, incluyendo la puesta en práctica de las técnicas de fertilización.

7. Los gastos por tratamientos de rehabilitación y fisioterapia prescritos por médicos especialistas responsables de las patologías que se deriven de dichos tratamientos.

ARTÍCULO 2. COBERTURA DE GASTOS POR MEDICAMENTOS Y PRODUCTOS FARMACÉUTICOS Y SANITARIOS.

1. Se reembolsarán al 100% los medicamentos necesarios para cualquier tratamiento quirúrgico u hospitalario.

2. Se reembolsarán al 100% los medicamentos y otros productos farmacéuticos en relación con tratamientos de diabetes, síndrome de inmunodeficiencia adquirida, fibrosis quística y la calcitonina para la enfermedad de Paget.

3. Se reembolsará el 100% de su coste en los medicamentos enumerados en el Anexo II del Real Decreto 83/1993 del Ministerio de Sanidad y Consumo de 22 de enero de 1993.

4. Se reembolsará el 70% del resto de medicamentos no recogidos en los puntos anteriores para pacientes externos.

5. Se reembolsarán los gastos de adquisición de artículos para la incontinencia, si son necesarios desde el punto de vista médico, y hasta un máximo de 250 euros por asegurado y año.

ARTÍCULO 3. PERFECCIÓN, TOMA DE EFECTO Y DURACIÓN DEL CONTRATO.

1. La póliza se perfecciona mediante su firma por ambas partes y el pago de la primera prima. Salvo pacto expreso en contrario, las coberturas contratadas y sus modificaciones o adiciones tomarán efecto en la fecha indicada en las Condiciones Particulares, siempre que haya sido satisfecho el primer recibo de primas.

Las obligaciones de la Entidad Aseguradora comenzarán a partir de las veinticuatro horas del día en que hayan sido cumplimentados ambos requisitos.

2. Esta póliza de seguro se contrata por un año de duración, entendiéndose prorrogada por periodos anuales, salvo que alguna de las partes se oponga a la prórroga mediante una notificación escrita a la otra parte, con antelación no inferior a dos meses a la conclusión del período de seguro en curso.

3. La cobertura respecto a cualquier Asegurado terminará automáticamente:
   I. Al rescindirse la póliza.
   II. Al dejar de pertenecer al Grupo Asegurado o al Asegurable.
   III. A la expiración de la anualidad del seguro en que el asegurado cumpla 70 años de edad.

4. La cobertura de los Familiares Dependientes de un Asegurado terminará automáticamente:
   I. Al rescindirse la póliza.
   II. Al terminar la cobertura del Asegurado del que dependen.
   III. En el momento en que el Familiar Dependiente deje de cumplir las condiciones requeridas por la póliza.

ARTÍCULO 4. PROLONGACIÓN DE COBERTURA.

No obstante lo dispuesto en el Artículo anterior, la Entidad Aseguradora cubrirá, de acuerdo con las restantes estipulaciones de la póliza, los gastos derivados de un siniestro cubierto por la póliza que haya obligado a internamiento en un hospital antes de la fecha de cese de la cobertura.

Esta prolongación de cobertura se extenderá como máximo hasta que se produzca el primero de los siguientes hechos:
– Transcurso de un año.
– Fecha de alta en el hospital.

ARTÍCULO 5. PRIMAS, SU CÁLCULO.

1. En las Condiciones Particulares de esta póliza figurará la tarifa de primas aplicables para la cobertura de los diferentes riesgos específicamente mencionados en las mismas.

2. La prima global correspondiente a esta póliza se obtendrá de la siguiente forma:

2.1. La prima para cada Asegurado se determinará para cada cobertura aplicando la tarifa correspondiente. La suma de primas correspondiente a cada asegurado determinará la prima global del riesgo.

2.2. La suma de las primas globales correspondientes a cada Asegurado cubierto dará la prima global de la póliza.

Adaptado de www.bancosantander.es

EXAMEN 3

Preguntas

1. Según los términos de esta póliza de seguros…
   a) la compañía aseguradora no pagará los análisis clínicos.
   b) se excluyen de cobertura los gastos derivados del parto.
   c) al asegurado se le pagarán los gastos de sus radiografías.

2. El poseedor de esta póliza no cobrará los gastos por…
   a) someterse a técnicas de inseminación artificial.
   b) acudir a fisioterapia sin un informe médico.
   c) recibir un transplante de un órgano no vital.

3. Los gastos en productos farmacéuticos…
   a) se abonarán con una limitación anual por paciente.
   b) se pagarán completos si el paciente está hospitalizado.
   c) no incluyen el tratamiento de enfermedades crónicas.

4. La póliza de seguros es efectiva…
   a) desde el día posterior al pago del primer recibo.
   b) a partir del mediodía de la fecha de la firma.
   c) hasta 60 días después de denunciar el contrato.

5. La extinción de la cobertura para el cónyuge de un asegurado se produce cuando…
   a) el asegurado haya cumplido 70 años.
   b) el cónyuge vaya a cumplir 70 años.
   c) el asegurado vaya a cumplir 70 años.

6. La compañía aseguradora seguirá pagando los gastos producidos tras la finalización de la póliza si…
   a) al asegurado le dan el alta.
   b) el asegurado está enfermo.
   c) el asegurado está ingresado.

HORA DE FINALIZACIÓN ___:___

EXAMEN 3

COMPRENSIÓN DE LECTURA Y USO DE LA LENGUA — TAREA 2

HORA DE INICIO ___:___

Instrucciones

Lea el siguiente texto, del que se han extraído seis párrafos. A continuación lea los siete fragmentos propuestos (A-G) y decida en qué lugar del texto (7-12) hay que colocar cada uno de ellos.

HAY UN FRAGMENTO QUE NO TIENE QUE ELEGIR.

Marque las opciones elegidas en la **Hoja de respuestas**.

TEXTO

Nieves Gárate pensó que el mejor regalo para su marido, un ingeniero de minas recién prejubilado a sus 62 años, era un huerto. El marido, Carlos, llevaba tiempo fantaseando con tener uno en Menorca, su lugar de origen. Cultivar sus propias plantas le parecía una buena salida para cuando le tocara emprender la retirada. **7** _____ Ya no tendría que cruzar el mar ni esperar unos años para cultivar su afición. Lo ha encontrado a 10 minutos de Madrid. Un huerto de 20 metros cuadrados muy cerca de las pistas de pádel donde ambos suelen ir a jugar.

Ese reducto de la naturaleza -disponible en régimen de alquiler- se encuentra en Fuencarral-Mirasierra, dentro de las instalaciones de la Fundación Carmen Pardo-Valcarce. **8** _____ Así que la fundadora compró esos terrenos en la colonia de Mirasierra, que hoy acogen un centro especial para personas con discapacidad intelectual y da empleo a cien trabajadores. Y está también el club deportivo, con unas instalaciones de lujo, de ese lujo de los cincuenta sin pretensiones.

Sandra Carretié, la madre del invento, siempre ha sido una aficionada a la jardinería. Realizó algunos cursos, pero básicamente es una autodidacta con mucho tesón. Durante cuatro años ha estado maquinando la idea de poner en marcha huertos urbanos, algo así como traer el campo a la ciudad, *rus in urbe,* el lema del proyecto Huerta de Montecarmelo. **9** _____ Presentó el proyecto a la presidenta de la Fundación, quien le ofreció esos terrenos baldíos que a Carretié le parecieron un maná. No es para menos. En el horizonte, las cuatro Torres de Castellana, Mirasierra, Arroyofresno, Peñagrande, hasta la cuenca del Manzanares y El Pardo; de fondo, Navacerrada y La Pedriza.

Carretié se puso manos a la obra inspirada en uno de sus viajes a Francia. "Frente a la maravillosa Huerta del Rey de Versalles pensé lo desvinculados que estamos de la huerta, cuando es el lugar de donde nace el jardín y que en la Edad Media era como el símbolo del paraíso perdido, donde se recogen los frutos". Empezó a diseñar los huertos a principios de 2010: primero, adecuar el terreno, limpiar el suelo, nutrirlo. Hasta ahora se han montado 80 huertos con su sistema de riego, los bancales y los tutores. **10** _____ Una ayuda impagable para ella: "Estoy sorprendida de su energía, de su capacidad de trabajo y buena disposición, crean un buen ambiente que te invade".

73

EXAMEN 3

¿El perfil de usuario? Muy variado. Hay grupos de amigos, o amigas, que alquilan un huerto entre cuatro; aficionados que viven en Madrid y añoran el huerto del pueblo; familias con niños, que les enseñan desde los tipos de semillas hasta el tipo de producto que comerán después en casa. **11** _____ Pablo Prieto, perito agrícola que, junto con Ramón Fernández, acompaña a la impulsora en el proyecto, sugiere que "el huerto tiene que tener plantas clásicas, tomates, lechugas, calabacín, puerros, cebollas...; aromáticas, como tomillo, menta, perejil o romero, y flores de temporada". Después, solo hay que esperar a que la naturaleza con su ritmo haga el resto.

Este tipo de proyectos, más habituales en Londres, en algunas zonas de Italia y Alemania, no son habituales en Madrid. **12** _____ La ventaja de Huerta de Montecarmelo es que si a uno le desaparece el ímpetu jardinero, el mantenimiento del huerto está asegurado.

El sol de la tarde primaveral aún resiste en el horizonte. Para Carlos es su segundo día de huerto. Como buen ingeniero, saca una carpeta donde ha dibujado detalladamente el orden de sus plantaciones. Mientras, Nieves ya piensa en el futuro, cuando le lleguen los primeros productos recién sacados de la tierra. Cien por cien natural.

Adaptado de M.ª José Díaz de Tuesta, "Huertas en el límite de la ciudad". *El País*.

FRAGMENTOS

A.	Miró otros terrenos y no le convencieron. Hasta que se topó con estos en el momento justo.
B.	Existen algunos autogestionados por vecinos en terrenos abandonados, y otros que solo alquilan el terreno.
C.	El pasado lunes era su primer día sin trabajo. Y Nieves, que se dedica a la gestión de arte, le tenía preparada la sorpresa.
D.	El 18 de marzo se inauguró el proyecto. De los 80 huertos disponibles, que se irán ampliando hasta 150, ya se han alquilado la mitad.
E.	Cada cual elige el tipo de variedades que quiere cultivar. Aunque se parte de una base.
F.	Para estas faenas, contó felizmente con 20 trabajadores discapacitados de la Fundación que estaban a punto de perder sus trabajos por la crisis inmobiliaria.
G.	Un centro que nació en 1948 cuando la fundadora, y abuela de la actual presidenta, atendió la petición de los enfermos de la leprosería de Trillo, Guadalajara, que pedían otro entorno para sus hijos a fin de evitarles el contagio de la enfermedad.

HORA DE FINALIZACIÓN ___:___

EXAMEN 3

COMPRENSIÓN DE LECTURA Y USO DE LA LENGUA — TAREA 3

Instrucciones

Lea el texto y responda a las preguntas (13-18). Seleccione la opción correcta (A, B o C).

Marque las opciones elegidas en la **Hoja de respuestas**.

TEXTO

Los países de América Latina adoptaron en la década de los noventa un conjunto de reformas de diversos tipos, con características distintas en cada caso y resultados variados, pero se observa que la región presenta en los últimos años niveles bajos de inflación, dinamismo exportador, mayor participación de inversores externos, aumento del gasto social, creciente preocupación por la sostenibilidad ambiental del desarrollo, mejora en el perfil de las cuentas públicas, con mejores resultados fiscales y menores deudas, entre otros aspectos.

Sin embargo, esos avances se acompañan de diversos aspectos negativos, tales como un ritmo de crecimiento económico frustrante (aun en un contexto de crecimiento externo muy favorable), bajos niveles de ahorro e inversión, aumento de los niveles de desempleo, bajo grado de sofisticación tecnológica de las exportaciones, y otros.

Ese escenario impone algunos desafíos básicos al desarrollo económico de la región, como reducir los niveles de pobreza actuales, elevar los coeficientes de inversión para hacer viable un ritmo de crecimiento más expresivo y reducir la distancia económica con relación a los países industrializados.

La existencia del comercio internacional es algo positivo, porque permite que los factores productivos sean empleados de la manera más eficiente posible, y hace que los consumidores puedan obtener el máximo beneficio con el acceso a una cantidad mayor y más variada de bienes y servicios. Cuanto más libre es el comercio, mayor es la probabilidad de que esos beneficios puedan materializarse.

Una etapa intermedia es la concesión de preferencias comerciales a países específicos. En la medida en que como resultado de preferencias para el acceso al mercado se intensifiquen los flujos de comercio entre los países participantes y no haya grandes pérdidas para los demás países, ese es un movimiento que va en la dirección correcta desde el punto de vista del bienestar social.

A esos argumentos, hay que agregar que las preferencias comerciales entre los países participantes permiten que las empresas de esos países pasen a tener acceso libre a un mercado ampliado más grande que los mercados de cada país individualmente. Eso permite producir en mayor escala, lo que constituye una fuente adicional de ganancias.

EXAMEN 3

A partir de consideraciones de ese tipo, desde la década de 1950 los países de América Latina han considerado el incentivo a la integración regional como una herramienta para el desarrollo económico.

En las décadas de 1950 y 1960 los argumentos a favor de la integración regional ponían énfasis en la ampliación de los mercados nacionales, lo que permite diversificar la estructura productiva (industrialización) y con ello reducir la vulnerabilidad económica externa de los países de la región.

Veinte años después, después de dos crisis del petróleo y de la crisis de la deuda externa, que han afectado en forma expresiva las economías de la región, se ponía énfasis en el hecho de que la integración permite estimular el comercio externo con menor uso de divisas y genera un "efecto aprendizaje" del sector exportador, que le posibilita evolucionar hacia los mercados más sofisticados.

En la década de 1990, además de las ganancias con la escala productiva, se puso énfasis en que la integración regional permite aumentar el grado de competencia interna, afecta la expectativa de los potenciales inversores internos y externos, aumenta el grado de eficiencia productiva y facilita el grado de absorción del progreso tecnológico.

Hay, por lo tanto, un conjunto variado de argumentos a favor de promover la integración regional. Los agrupamientos de países en el continente americano tienen alguna correspondencia con la estructura colonial: a) el actual Tratado de Libre Comercio de América del Norte corresponde con los antiguos imperios azteca e inca y al Primer Virreinato de Nueva España (siglo XVI); b) el Mercado Común Centroamericano (excepto Panamá) corresponde a la Capitanía General de Guatemala; c) la Comunidad Andina de Naciones corresponde al Virreinato de Nueva Castilla (actuales Bolivia, Perú, Ecuador y Colombia) y al Virreinato de Nueva Granada (siglo XVIII).

Existe, por tanto, una relación entre el proceso de aproximación comercial de los diversos países hispano-parlantes de América y sus orígenes coloniales.

En este sentido, la gran "novedad histórica" es el Mercado Común del Sur. La aproximación entre la América luso-parlante y sus vecinos no es un proceso "natural" en términos históricos, y es más bien el resultado de decisiones políticas.

Adaptado de Renato Baumann, "MERCOSUR: expectativas, resultados y perspectivas", *Realidades y desafíos del desarrollo económico de América Latina*, Catarata.

EXAMEN 3

Preguntas

13. Según el texto, los cambios llevados a cabo en Latinoamérica…
    a) fueron aplicados por igual en todos los países.
    b) provocaron una mayor recaudación de impuestos.
    c) permitieron vender productos más tecnificados.

14. Según el autor del texto, para afrontar el proceso de unión comercial latinoamericana…
    a) habrá que conseguir más inversiones.
    b) se debe producir de modo más eficaz.
    c) tiene que descender el paro en la región.

15. Según el texto, una ventaja del comercio libre entre las naciones es…
    a) que no supone pérdidas económicas a otros países.
    b) que se reducen los índices de pobreza entre la población.
    c) que los consumidores pueden elegir entre más productos.

16. Con un mercado común de varios países…
    a) aumenta el número de vendedores.
    b) las empresas pueden beneficiarse más.
    c) los países son más vulnerables.

17. A finales del siglo XX se pensaba que…
    a) la integración económica latinoamericana era imposible.
    b) la crisis financiera era la causa de las exportaciones.
    c) se podían conseguir más inversiones de otros países.

18. La historia de las colonias americanas…
    a) hacía imposible la creación inicial del Mercado Común del Sur.
    b) dividió los territorios de libre comercio según la lengua y la época.
    c) provocó la creación de diferentes organizaciones supranacionales.

 HORA DE FINALIZACIÓN ___:___

EXAMEN 3

COMPRENSIÓN DE LECTURA Y USO DE LA LENGUA — TAREA 4

⏳ **HORA DE INICIO** ___:___

Instrucciones

A continuación tiene seis textos (A-F) y ocho enunciados (19-26). Léalos y elija la letra del texto que corresponda a cada enunciado.

RECUERDE QUE HAY TEXTOS QUE DEBEN SER ELEGIDOS MÁS DE UNA VEZ.

Marque las opciones elegidas en la **Hoja de respuestas**.
A continuación leerá el resumen de los artículos publicados en el último número de la revista *Acción de Pedagogía*.

TEXTOS

A) Diferenciamos entre educación y escolarización para poder dar cuenta de dos hechos contradictorios: por una parte, los extraordinarios aprendizajes informales y, por otra, los escasos resultados escolares. Esto es un sinsentido. Para poder resolverlo caracterizamos a la educación como un proceso abierto a lo posible y a la escolarización como un proceso perturbado por la repetición. Al educarnos somos y estamos; en cambio, al escolarizarnos solo estamos. Urge des-escolarizar a la escuela devolviéndole su riqueza educacional. La formación inicial del profesor debe ser educativa y no escolarizada. Ese proceso estará tensionado entre el orden y el caos educativo y orientado por las preguntas inocentes que formule el educando, gracias a lo cual se constituye en un peregrino de la pregunta.

B) La discusión actual sobre educación dirige de nuevo la atención sobre la valoración del rol profesional docente. La nueva Ley General de Educación propone abrir el campo de la docencia a profesionales que no se hayan formado en pedagogía. Frente a esta tensión, este trabajo desarrolla el valor particular del saber pedagógico, en su estrecha vinculación con la práctica educativa. A partir del saber construido tanto en la experiencia del ejercicio de la profesión como por el generado a través de la acción reflexiva en torno a la práctica, la especificidad del saber de la enseñanza impone la necesaria coherencia de toda política de desarrollo del profesorado, lo mismo en el reconocimiento de su saber, como en las condiciones necesarias para su progreso.

C) Esta investigación tuvo como propósito examinar la interacción verbal y la socialización cognitiva en un aula de Educación Básica. El estudio se basa en la teoría sobre la interacción verbal en ambientes educativos, de acuerdo con la cual el docente conduce y controla las acciones interactivas, iniciación, énfasis y determinación de turnos de habla, así como los contenidos de la interacción. En este estudio de campo se usaron grabaciones magnetofónicas de la interacción verbal durante tres períodos de clase, que luego fueron transcritas y analizadas para determinar, a través del discurso oral, el tipo de interacción más frecuente, y la tendencia de socialización cognitiva que intenta el docente por medio del lenguaje oral. Entre los resultados más importantes se señala que el docente registra el mayor número de eventos interactivos en las categorías de influencia directa mientras que los alumnos se limitan a responder preguntas o cumplir instrucciones.

D) En este artículo se presenta una investigación cuyo objetivo consistió en el análisis del cambio organizacional universitario por la incorporación de espacios educativos virtuales, con el propósito de determinar las innovaciones realizadas en los ámbitos académico y tecnológico por parte de los docentes de cara a la puesta en marcha de un modelo de instrucción fundamentado en las Tecnologías de la Información y Comunicación. El trabajo se ajusta al paradigma interpretativo y hace uso del método descriptivo con apoyo en un estudio de caso; el enfoque ha sido de carácter mixto pues se aplicaron técnicas de recolección de datos, tanto cuantitativas como cualitativas, a un grupo de profesores de la Universidad Nacional Experimental. El análisis de datos permitió obtener conclusiones en el orden estratégico, estructural, tecnológico, humano y cultural que ponen en evidencia las necesidades organizacionales que deben ser atendidas por la universidad a fin de implantar y expandir con éxito los ambientes de estudio virtuales.

E) La presente proposición ofrece una serie de ideas en torno a la Práctica Profesional como escenario de investigación y construcción del conocimiento profesional de los docentes de formación inicial. Su estudio tiene como base una Práctica que se configura como un eje articulador entre la Universidad, la escuela y los contextos socioculturales en donde han de interactuar. Se ofrece como una propuesta de formación docente para promover estrategias de integración al medio escolar, fomentar la adquisición de herramientas para la investigación de la escuela y su entorno desde el marco de las narrativas. Esta investigación, de carácter narrativo-biográfico, desarrolla el análisis de los datos a partir del sistema de significados que se derivan de las experiencias personales y de los imaginarios sociales del entorno comunitario. Para ello se propone un modelo que toma de los relatos de vida las valoraciones temáticas impuestas por los mismos autores-protagonistas.

F) Los indicadores educativos permiten informarnos de determinadas características de la actividad educativa. Concretamente, esta investigación trata de dar respuesta a la siguiente cuestión: ¿Cuáles son los indicadores de carácter organizativo que más contribuyen a la mejora de la calidad de la educación infantil? Para ello hemos utilizado una metodología descriptiva a través del cuestionario como instrumento, autoadministrado y elaborado para tal efecto. Con las diferentes opciones hemos podido recabar la opinión del profesorado en las diferentes áreas solicitadas. Por otra parte, el Análisis de Componentes Principales nos ha permitido examinar los aspectos de las necesidades del profesorado, la importancia del personal no docente y la agrupación de las respuestas en torno a los ítems. Los participantes en la investigación han sido una muestra del profesorado de 250 Centros de Educación Infantil distribuidos por la geografía española seleccionada por su calidad educativa.

Adaptado de *Acción Pedagógica*.

EXAMEN 3

ENUNCIADOS

19. Los profesores, cuando se dirigen a los estudiantes, suelen dedicarse más a dar órdenes o a comprobar lo que han aprendido que a escucharlos y a dialogar.

    A)   B)   C)   D)   E)   F)

20. A partir de esta investigación, se han realizado propuestas sobre la conveniencia de un cambio de modelo.

    A)   B)   C)   D)   E)   F)

21. Para poder enseñar una materia, no bastan los conocimientos técnicos, sino que hace falta una capacitación especial sobre cómo enseñarlos.

    A)   B)   C)   D)   E)   F)

22. Los profesores que comienzan su actividad docente no deben caer en la rutina sino que deben aceptar la novedad como parte del aprendizaje.

    A)   B)   C)   D)   E)   F)

23. Esta investigación se ha basado en las ideas expresadas por los profesores sobre la estructura y organización de los centros.

    A)   B)   C)   D)   E)   F)

24. Para realizar esta investigación, tuvieron que grabarse diferentes sesiones de clase y analizar las intervenciones de los profesores.

    A)   B)   C)   D)   E)   F)

25. La aparición y aplicación de los recursos tecnológicos en la enseñanza supone un cambio en el modelo educativo.

    A)   B)   C)   D)   E)   F)

26. A través de textos autobiográficos se puede investigar la relación entre el sistema educativo y el medio en el que se desarrolla.

    A)   B)   C)   D)   E)   F)

HORA DE FINALIZACIÓN ___:___

EXAMEN 3

COMPRENSIÓN DE LECTURA Y USO DE LA LENGUA — TAREA 5

HORA DE INICIO ___:___

Instrucciones

Lea el texto y rellene los huecos (27-40) con la opción correcta (A, B o C).

Marque las opciones elegidas en la **Hoja de respuestas**.

TEXTO

Bajo el título **27** _____ "Identidades en tránsito", se ha celebrado en Buenos Aires el Festival de la Luz, la más importante manifestación fotográfica de Latinoamérica. La presente **28** _____ se ha centrado en el tema de las migraciones y ha reunido a algunos de los más reconocidos fotógrafos del mundo, **29** _____ imágenes han sido expuestas en diversas salas de la capital argentina.

No es extraño que se **30** _____ escogido uno de los más bellos manifiestos alemanes de los años noventa: "Tu coche es japonés. Tu pizza, italiana. Tu democracia, griega. Tu café, brasileño. Tus números, árabes. Tu alfabeto, latino. Solo tu vecino es extranjero". Se reconoce así el fenómeno de la emigración, un drama colectivo **31** _____ antiguo como universal, multiplicado como **32** _____ de guerras, hambrunas, epidemias, invasiones y otras injurias. Las fotografías expuestas reflejan las causas plurales y el resultado de estos estragos, históricamente repetidos: la busca de alimentos y libertad, la vocación aventurera, expulsiones masivas, el agravio de la intolerancia y de la guerra. Así se fueron **33** _____ los pueblos, nacieron nuevas costumbres, se apagaron otras, emergieron sucesivos mestizajes, entró el mundo en un dinamismo enérgico e inagotable que no cesa, **34** _____ las inútiles fronteras erigidas por los gobernantes para impedirlo.

Las migraciones han sido el tema estrella del Festival de la Luz, que en ocasiones anteriores **35** _____ tratado temas como la arquitectura, el mundo animal y la tecnología. Y dentro de este apartado, el fotógrafo español invitado ha sido el coruñés Manuel Ferrol, que realizó en 1957 su ya célebre reportaje sobre la salida de emigrantes desde el puerto de La Coruña. Aquel fue un día especial para él y una **36** _____ inaugural en la historia del reporterismo gráfico español. Desde entonces, el nombre de Ferrol forma **37** _____ de la historia fotográfica universal. Un sitio que ocupa junto a otros grandes fotógrafos. "En la década de los cincuenta –se lee en el **38** _____ de la exposición–, miles de familias españolas debieron dejar Galicia y partir para América. La cámara de Ferrol retrató con sabiduría y profesionalidad aquella experiencia. Sus fotografías dieron la **39** _____ al mundo como testigos de una época y de un lugar que se convirtió en la gran puerta a la aventura transoceánica gallega del siglo XX. La fotografía que nos muestra los rostros de un padre y un hijo en pleno llanto recorrió el mundo como la imagen icónica de una experiencia tan difícil y conmovedora para el ser humano: la acción de migrar". **40** _____ su paso por Buenos Aires, la figura de Ferrol no hace más que crecer. Para el futuro cercano se anuncia ya una exposición suya en Japón. Con toda seguridad, sus conmovedoras estampas del dolor y la zozobra de la emigración no necesitarán traductores.

Adaptado de "Identidades en tránsito". *Carta de España*. Ministerio de Trabajo e Inmigración.

EXAMEN 3

OPCIONES

27.	a) genésico	b) genérico	c) genético
28.	a) convocatoria	b) edición	c) festividad
29.	a) de las	b) que	c) cuyas
30.	a) hubiera	b) hubo	c) haya
31.	a) tanto	b) tan	c) igual
32.	a) consecuencia	b) origen	c) causa
33.	a) mezclados	b) mezclado	c) mezclando
34.	a) aunque	b) pese a	c) sin embargo
35.	a) hubiera	b) había	c) haya
36.	a) jornada	b) travesía	c) ruta
37.	a) grupo	b) porción	c) parte
38.	a) discurso	b) folleto	c) recuadro
39.	a) cara	b) imagen	c) vuelta
40.	a) Detrás	b) Después	c) Tras

HORA DE FINALIZACIÓN ___:___

EXAMEN 3

COMPRENSIÓN AUDITIVA Y USO DE LA LENGUA

TAREA 1 Pista 15

Instrucciones

Usted va a escuchar una conferencia en la que se tomaron las siguientes anotaciones. Luego deberá elegir para cada anotación (1-6) la palabra o fragmento de frase correspondiente entre las doce opciones que aparecen debajo (A-L). Escuchará la audición dos veces.

Marque las opciones seleccionadas en la **Hoja de respuestas**.

Ahora dispone de 1 minuto para leer las anotaciones:

1. Tradicionalmente, se ha considerado inteligente a la persona que obtenía un mayor _____ académico.

2. Con la inteligencia académica no se consigue ni el _____ ni la felicidad.

3. Las habilidades que forman parte de la inteligencia emocional se enlazan de modo que cada _____ es percibido y comprendido para ser regulado emocionalmente.

4. La inteligencia emocional es diferente de las habilidades sociales, ya que incluye emociones de _____ privado, íntimo.

5. Una persona puede ser hábil para comprender sus propias emociones pero no tener ningún _____ para empatizar con los demás.

6. No se puede pronosticar el _____ de inteligencia emocional de una persona, aunque su inteligencia está relacionada con la personalidad.

OPCIONES

A. suceso
B. carácter
C. consentimiento
D. rendimiento
E. recurso
F. curso
G. sentimiento
H. desenlace
I. título
J. grado
K. origen
L. éxito

EXAMEN 3

COMPRENSIÓN AUDITIVA Y USO DE LA LENGUA

TAREA 2 Pista 16

Instrucciones

Usted va a escuchar cuatro conversaciones. Escuchará cada conversación dos veces. Después debe contestar a las preguntas (7-14). Seleccione la opción correcta (A, B o C).

Marque las opciones elegidas en la **Hoja de respuestas**.

PREGUNTAS

Conversación 1

7. El marido de Pilar…
    a) realiza actividades artísticas.
    b) es un gran negociador.
    c) se está quedando calvo.

8. Para el marido de Pilar…
    a) Andrés era un colaborador de confianza.
    b) el trabajo en la asociación es gratificante.
    c) las elecciones no tienen ningún interés.

Conversación 2

9. Según Lucía…
    a) el viaje ha sido muy provechoso para la empresa.
    b) no ha merecido la pena hacer un viaje tan largo.
    c) solo tuvo tiempo para hacer compras el último día.

10. Gracias al acuerdo alcanzado, ahora solamente su empresa puede…
    a) dar permiso para realizar compras y ventas.
    b) comprar productos de otras empresas.
    c) vender productos a la otra empresa.

Conversación 3

11. En opinión de la clienta, los entremeses que le ofrece el camarero…
    a) son para ponerse las botas.
    b) le parecen muy salados.
    c) deben de estar exquisitos.

EXAMEN 3

12. La clienta quiere leer el periódico…
    a) para pasar el tiempo y entretenerse.
    b) para conocer noticias recientes.
    c) para hacer los pasatiempos.

Conversación 4

13. El hombre le cuenta a la mujer que…
    a) los compañeros de la oficina fueron a ver a sus ídolos.
    b) ha visto en la calle a dos compañeros abrazados.
    c) dos compañeros de su empresa han tenido un idilio.

14. El hombre de esta conversación…
    a) padece un problema con los sentidos de percepción.
    b) no aprueba la conducta de uno de sus compañeros.
    c) no puede salir a la calle por la noche porque ve mal.

EXAMEN 3

COMPRENSIÓN AUDITIVA Y USO DE LA LENGUA

TAREA 3 Pista 17

Instrucciones

Usted va a escuchar una entrevista. Después debe contestar a las preguntas (15-20). Seleccione la opción correcta (A, B o C). Escuchará la entrevista dos veces.

Marque las opciones elegidas en la **Hoja de respuestas**.

PREGUNTAS

15. Según la entrevistadora, para patentar la mochila ergonómica, Juan Demetrio Chillarón…
    a) tuvo que pasar varios años investigando en solitario.
    b) obtuvo la ayuda de la Universidad Politécnica de Valencia.
    c) sufrió innumerables dolores y quebraderos de cabeza.

16. El entrevistado afirma que…
    a) su invento era algo deseable para muchos padres de familia.
    b) toda su vida ha estado rodeado de productos de diseño.
    c) ha creado algo que no se podía encontrar en las tiendas.

17. En el proceso de creación de la mochila…
    a) un médico le proporcionó la idea simplificada.
    b) la colaboración fue esencial para elegir la idea.
    c) su socio ha preferido mantenerse en el anonimato.

18. Para avalar el producto, su creador pretende conseguir…
    a) el sello de calidad de la Escuela Española de la Espalda.
    b) una entrevista con el director de la Escuela Médica.
    c) un estudio científico del Instituto de Biomecánica.

19. El propio inventor se ha convertido en el fabricante de la mochila, porque…
    a) tenía los contactos necesarios en varios países.
    b) nadie había querido comprarle los derechos.
    c) sus padres ya importaban productos en el sector.

20. Como prueba del éxito de este invento…
    a) se distribuye en diversas regiones del mundo.
    b) le han realizado un pedido en la Feria de Hong Kong.
    c) la idea es muy bien recibida y se vende sin esfuerzo.

EXAMEN 3

COMPRENSIÓN AUDITIVA Y USO DE LA LENGUA

TAREA 4 Pista 18

Instrucciones

Usted va a escuchar diez breves diálogos. Escuchará cada diálogo dos veces. Después debe contestar a las preguntas (21-30). Seleccione la opción correcta (A, B o C).

Marque las opciones elegidas en la **Hoja de respuestas**.

PREGUNTAS

Diálogo 1

21. Juan, al responderle a la mujer…
    a) quiere que ella misma lo acierte.
    b) no recuerda el nombre de la calle.
    c) no quiere contestar a esa pregunta.

Diálogo 2

22. Su compañero de trabajo, al responderle, dice que…
    a) también teme que le roben sus compañeros.
    b) piensa que su compañera no sabe buscar.
    c) no cree que se la hayan robado sus compañeros.

Diálogo 3

23. El amigo de Luisa…
    a) no tiene intención de ir a la fiesta.
    b) no sabe bailar muy bien.
    c) no ha sido invitado por Javier.

Diálogo 4

24. Según Laura…
    a) no le van a prestar nada.
    b) debe por lo menos intentarlo.
    c) no puede viajar con Antonio.

Diálogo 5

25. Teresa, ante la orden de su compañero, contesta que…
    a) odia hacer las tareas domésticas.
    b) se niega a preparar la cena.
    c) no quiere que le recuerden sus obligaciones.

EXAMEN 3

Diálogo 6

26. En esta conversación, la señora Pérez no sabe…
 a) en qué empresa trabaja Juan López.
 b) a qué hora había quedado con Juan López.
 c) que Juan López ha sido despedido de su empresa.

Diálogo 7

27. Según Santi, hoy en la casa…
 a) no necesitan pan.
 b) se acabaron las patatas
 c) queda poco pan.

Diálogo 8

28. La hija de Dolores…
 a) ha preparado el postre.
 b) está guapísima.
 c) está muy nerviosa.

Diálogo 9

29. Ana le indica que…
 a) es mejor consultar el manual.
 b) no debe desconectar el enchufe.
 c) solo tiene que tocar una tecla.

Diálogo 10

30. Según le ha dicho a su padre,
 a) su hijo lo olvidó todo.
 b) el examen era muy difícil.
 c) las preguntas eran facilísimas.

EXAMEN 3

COMPRENSIÓN AUDITIVA Y EXPRESIÓN E INTERACCIÓN ESCRITAS

TAREA 1 Pista 19

HORA DE INICIO ___:___

Instrucciones

A continuación escuchará la primera parte de una conferencia en la que se exponen las conclusiones de una charla sobre las relaciones entre familia y escuela. La escuchará dos veces. Durante la audición podrá tomar notas.

Después, redactará una argumentación en la que deberá recoger los puntos principales de ambas posturas y expresar de forma justificada su punto de vista.

Número de palabras: entre 220 y 250 palabras.

HORA DE FINALIZACIÓN ___:___

EXAMEN 3

COMPRENSIÓN AUDITIVA Y EXPRESIÓN E INTERACCIÓN ESCRITAS

TAREA 2

HORA DE INICIO ___:___

Instrucciones

Elija solo una de las dos opciones que se le ofrecen a continuación

Número de palabras: entre 180 y 220 palabras.

OPCIÓN 1

Usted va a escribir en su blog una entrada sobre un libro (novela, ensayo, poesía, etc.) que ha leído recientemente. En dicha entrada usted deberá:

- escribir una breve presentación del autor y su época o país de origen;
- comentar a qué género pertenece el libro y qué obras similares conoce;
- hablar del tema o el argumento así como de la estructura y organización del libro;
- explicar la psicología de los personajes, el estilo que utiliza y/o algún capítulo o episodio especial que le haya llamado la atención;
- expresar su opinión y valoración de la obra, mencionando los aspectos positivos y qué considera mejorable.

EXAMEN 3

OPCIÓN 2

Usted está buscando un nuevo trabajo (en Colombia) y ha leído el siguiente anuncio en un periódico. Escriba una carta de solicitud para alguno de los siguientes puestos de trabajo, siguiendo las pautas indicadas en el anuncio.

Grupo Atlántida, compañía que administra el personal de importantes empresas a nivel nacional **OFRECE** los siguientes puestos vacantes:

Psicólogo/a

Que tenga experiencia en entrevistas, selección de personal y/o manejo de grupo.
Salario: a convenir.

Auditor Interno

Empresa importante de servicios requiere contador titulado, deseable especialización para el cargo de auditor interno. Experiencia en cargos similares de auditor, procesos de calidad y manejo de procedimientos internos. Con excelentes relaciones interpersonales, liderazgo, trabajo en equipo. Excelente manejo de *Excel* avanzado y herramientas ofimáticas.
Salario: 1.500.000 pesos/mes.

Representante de ventas

Técnico en carreras administrativas o afines, hombre entre 20 y 35 años, experiencia mínima de 2 años en ventas de productos de consumo masivo, con moto, excelente presentación personal, con fluidez verbal, habilidad de negociación, manejo de *Excel*.
Salario: por definir.

Ingeniero mecánico

Importante empresa requiere ingeniero mecánico con experiencia mínima de 2 años en mantenimiento mecánico, conocimientos en mecánica automotriz, programación e implementación de planes de mantenimiento, lectura e interpretación de planos, debe tener manejo de personal con conocimientos en ISO 9000 y manejo de *Excel*.

Docente

Se solicita docente con formación mínima como tecnólogo en Contaduría Pública o Administración de Empresas. Mínimo un año de experiencia en el área de Cartera. Actualizado en la normatividad fiscal vigente y su incidencia administrativa y financiera. Aplicación de las tecnologías de tráfico de llamadas. Deseable buen nivel de inglés.
Salario: a convenir.

Asesor en tecnología

Importante compañía de tecnología requiere personal para trabajar en sus puntos de ventas. Entre 24 y 30 años, dinámicos, emprendedores, buena presentación personal y excelente servicio al cliente, bachilleres con mínimo 6 meses de experiencia en venta de tecnología celular, digital o entretenimiento.

 HORA DE FINALIZACIÓN ___:___

EXAMEN 3

COMPRENSIÓN DE LECTURA Y EXPRESIÓN E INTERACCIÓN ORALES

TAREA 1

Instrucciones

Usted debe realizar una presentación oral sobre el texto adjunto. Su exposición debe incluir los siguientes puntos:

— tema central;
— ideas principales y secundarias;
— comentario sobre las ideas principales;
— intención del autor, si procede.

Dispone de entre **3 y 5 minutos**. Puede consultar sus notas, pero la presentación no puede limitarse a una lectura de las mismas.

TEXTO

El futuro papel del papel

La República de las Letras impresas vive hoy momentos de tensión y nerviosismo debido a los cambios que está generando la digitalización de libros y artículos. El proyecto de *Google*, que ha digitalizado y colgado en Internet millones de libros, ha desencadenado una intensa discusión y una lucha legal entre editores, bibliotecas, autores y la empresa digitalizadora. Desde el momento en que se generalizó la captura digital de textos, que sustituyó a las máquinas de escribir y a los linotipos, era previsible que las nuevas tecnologías acabarían provocando importantes cambios. Hoy muchos se preguntan si no estamos presenciando el comienzo de una era de decadencia del libro de papel, que culminaría con su desaparición. ¿Estamos ante la próxima extinción del libro, este maravilloso conjunto de hojas impresas con tinta? ¿Acaso las pantallas de computadoras son los artefactos que sustituirán en el futuro al libro impreso?

El libro, desde mi perspectiva, es una muy exitosa prótesis que ha permitido durante siglos sustituir funciones que el cerebro es incapaz de realizar mediante los recursos naturales de que dispone. La acumulación de la información colectiva solo se puede realizar mediante memorias artificiales, mediante prótesis especializadas en la preservación y difusión de textos e imágenes. El libro es una de estas prótesis, junto con toda clase de archivos documentales, registros, museos, mapas, tablas, calendarios, cronologías, cementerios, monumentos y artefactos cibernéticos que acumulan fotografías, reproducciones de obras de arte, películas, datos y textos.

Además, sabemos que nuestra relación de lectores con los textos está modificándose. Cada vez leemos más en las pantallas de las computadoras y cada vez escribimos más en teclados electrónicos. El papel y la tinta en muchos casos son sustituidos por artefactos electrónicos. Hay quienes sostienen que este proceso, desencadenado por la digitalización electrónica, terminará

போ erosionar las poderosas torres de marfil que son las universidades, las escuelas y los centros de investigación.

En un libro reciente, el profesor inglés Gary Hall ha expresado su entusiasmo por las nuevas tendencias que, espera, impulsarán una democratización de los espacios académicos e intelectuales. La muerte del papel como medio de circulación de ideas sería un adelanto formidable. A fin de cuentas, la digitalización ya ha marginado a los billetes de papel, que son sustituidos por tarjetas de crédito. También se están marginando las plumas, en beneficio de los teclados. Las cartas enviadas en sobres de correo con sellos retroceden cada vez más ante la ampliación del correo electrónico y del envío de mensajes por teléfono celular. ¿Por qué no redondear el proceso y marginar también los libros de papel? Hall plantea que ello minaría el modelo mercantil y empresarial de las universidades y de las empresas editoras, para dar lugar a nuevas alternativas. Por cierto, su autor no ha colgado aún su libro en Internet para ser leído gratuitamente. El texto de Hall, que aún tiene forma de libro de papel, observa que en las universidades la contratación, la promoción y el reparto de privilegios se orientan por la producción de formas impresas en papel. Lo mismo puede decirse de la fama de muchos escritores: reposa sobre una montaña de papel. Hall comprende, sin embargo, que el papel es algo más que un medio de circulación: goza de un aura de originalidad y autoridad; además impone una estructura peculiar. Por ejemplo, el papel controla la extensión y fija la autoría del texto. En las redes electrónicas en principio no hay límites en la extensión y los textos digitales pueden ser modificados sin que queden huellas de la versión original. Además, los textos digitales están permanentemente amenazados por el cambio constante de los programas que permiten su lectura. Todavía no hay nada que garantice que un texto digitalizado hoy pueda ser leído dentro de doscientos años.

Las nuevas tecnologías han optado por crear imitaciones electrónicas del papel. Así, desde hace pocos años han surgido láminas delgadas y flexibles que usan tinta electrónica y son capaces de reproducir textos modificables. El resultado es una hoja de papel impresa que no tiene luz propia y que se lee como un libro, mediante la iluminación ambiental. Pero a diferencia de la hoja de papel tradicional, elaborada con pasta de fibras vegetales, este nuevo papel puede ser modificado por medios electrónicos, como una pantalla de computadora. Por lo pronto se trata de un papel cuya tinta electrónica sólo puede reflejar el negro y el blanco. Su calidad es todavía pobre. Pero podemos suponer que el invento será refinado y que podría acaso significar un triunfo del papel en el mismo terreno de las tecnologías que aparentemente lo iban a enterrar. ¿Qué papel tendrá el papel en el futuro? Podría muy bien ser que tuviera un papel protagónico si las nuevas tecnologías impulsan su renacimiento. Creo que las editoriales deberían incluso contribuir al avance de las formas más refinadas del papel electrónico, para que sustituya las incómodas pantallas tradicionales de las computadoras.

Adaptado de
http://www.letraslibres.com/blog/blogs/index.php?title=el_futuro_papel_del_papel&more=1&c=1&tb=1&pb=1&blog=11

EXAMEN 3

COMPRENSIÓN DE LECTURA Y EXPRESIÓN E INTERACCIÓN ORALES

TAREA 2 Pista 20

Instrucciones

Usted debe mantener una conversación con el entrevistador sobre el tema del texto de la Tarea 1. En la conversación, usted deberá:

— dar su opinión personal sobre el tema;
— justificar su opinión con argumentos;
— rebatir, si procede, las opiniones que exprese su interlocutor.

La conversación durará entre **4 y 6 minutos**.

Escuche ahora las preguntas del entrevistador en la **pista 20**. Detenga el reproductor para contestar después de cada pregunta.

EXAMEN 3

COMPRENSIÓN DE LECTURA Y EXPRESIÓN E INTERACCIÓN ORALES

TAREA 3 Pista 21

Instrucciones

En la empresa de productos alimenticios EL BERENGENAL se han reunido los directivos para elegir el diseño y el formato del envase que van a utilizar para lanzar una nueva bebida destinada al público infantil.

Para elegir el formato del envase, los diseñadores van a tener en cuenta los siguientes criterios:

- que se adapte a la utilidad que va a tener y al tipo de público;
- el material empleado y sus costes de producción;
- la originalidad del diseño así como las características del envase (tamaño, peso, transporte, conservación);
- el impacto medioambiental y la posibilidad de reciclaje.

Aquí tiene los cuatro diseños seleccionados:

Teniendo en cuenta los criterios de la empresa y el producto, ¿cuál debería ser, en su opinión, el tipo de envase elegido? Discuta su elección con el entrevistador hasta que ambos lleguen a un acuerdo.

Recuerde que se trata de una conversación abierta y que por tanto puede interrumpir a su interlocutor, discrepar, pedir y dar aclaraciones, argumentar sus opiniones, rebatir las del entrevistador, etc.

La duración de la conversación será de **entre 4 y 6 minutos**.

Escuche las preguntas del entrevistador en la **pista 21**. Detenga el reproductor para contestar después de cada intervención.

EXAMEN 4

COMPRENSIÓN DE LECTURA Y USO DE LA LENGUA — TAREA 1

HORA DE INICIO ___:___

Instrucciones

Lea el texto y conteste a las preguntas (1-6). Seleccione la opción correcta (A, B o C).

Marque las opciones elegidas en la **Hoja de respuestas**.

TEXTO

INSTRUCCIONES DE USO DEL APARATO REPRODUCTOR DE ALTA FIDELIDAD

No use este aparato cerca del agua.

Utilice únicamente un paño seco para la limpieza.

No bloquee las aberturas de ventilación. Realice la instalación de acuerdo con las instrucciones del fabricante.

No instale cerca ninguna fuente de calor como, por ejemplo, radiadores, rejillas de calefacción, hornos u otros aparatos que produzcan calor (incluidos los amplificadores).

Evite que se pise o doble el cable de alimentación, en particular junto a los enchufes, tomas de corriente y en el punto donde salen del aparato.

Use exclusivamente los dispositivos/accesorios indicados por el fabricante.

Use únicamente el carrito, soporte, trípode o mesa indicados por el fabricante o que se incluya con el aparato. Cuando use un carrito, tenga cuidado al mover juntos el carrito y el aparato para evitar lesiones, ya que se puede volcar.

Desenchufe el aparato durante las tormentas eléctricas o cuando no lo utilice durante un período largo de tiempo.

El servicio técnico debe realizarlo siempre personal cualificado. Se requerirá servicio de asistencia técnica cuando el aparato sufra algún tipo de daño como, por ejemplo, que el cable de alimentación o el enchufe estén dañados, que se haya derramado líquido o hayan caído objetos dentro del aparato, que este se haya expuesto a la lluvia o humedad, que no funcione normalmente o que se haya caído.

Atención en el uso de las pilas. Para evitar fugas de las pilas que puedan causar lesiones corporales, daños en la propiedad o a la unidad:

– instale todas las pilas correctamente, siguiendo las instrucciones de la unidad;
– no mezcle pilas (antiguas y nuevas, o de carbón y alcalinas, etc.);
– quite las pilas cuando no use la unidad durante un período largo de tiempo.

No exponga el aparato a goteos ni salpicaduras.

No coloque sobre el aparato objetos que puedan suponer un peligro (por ejemplo, objetos que contengan líquidos o velas encendidas).

EXAMEN 4

Este producto puede contener plomo y mercurio. Es posible que el desecho de estos materiales se encuentre bajo regulación debido a causas medioambientales. Para obtener información sobre el desecho o reciclaje, póngase en contacto con las autoridades locales o con el fabricante.

Si usa el enchufe de alimentación o un adaptador para desconectar el aparato, estos deberán estar siempre a mano.

No permita que los niños utilicen sin vigilancia aparatos eléctricos.

No permita que los niños o adultos con capacidades físicas, sensoriales o mentales reducidas o personas con falta de experiencia/conocimiento, utilicen aparatos eléctricos sin vigilancia.

Advertencia

No quite nunca la carcasa de este aparato. No lubrique ninguno de sus componentes. No lo coloque nunca sobre otro equipo eléctrico. No lo exponga a la luz solar directa, al calor o a las llamas. No mire nunca el haz láser que está dentro del equipo.

Asegúrese de tener siempre un fácil acceso al cable de alimentación, al enchufe o al adaptador para desconectar el equipo de la corriente.

Seguridad auditiva

Utilice un nivel de sonido moderado.

El uso de los auriculares a un nivel de sonido elevado puede dañar el oído. Este producto produce sonidos con rango de decibelios que pueden provocar una pérdida auditiva a una persona con un nivel auditivo normal, incluso en el caso de una exposición inferior a un minuto. Los rangos de decibelios más elevados se ofrecen para aquellas personas que tengan cierta deficiencia auditiva.

El nivel de sonido puede ser engañoso. Con el paso del tiempo, el "nivel de comodidad" de escucha se adapta a los niveles de sonido más elevados. Por lo tanto, tras una escucha prolongada, el sonido de un nivel "normal" puede ser en realidad de tono elevado y perjudicial para el oído. Para protegerse contra esto, ajuste el nivel de sonido a un nivel seguro antes de que su oído se adapte y manténgalo así.

Para establecer un nivel de sonido seguro:

– Fije el control de sonido en un ajuste bajo.
– Aumente poco a poco el sonido hasta poder oírlo de manera cómoda y clara, sin distorsión.
– Escuche durante períodos de tiempo razonables: la exposición prolongada al sonido, incluso a niveles "seguros", también puede provocar una pérdida auditiva. Asegúrese de utilizar su equipo de forma razonable y realice los descansos oportunos.

Asegúrese de respetar las siguientes pautas cuando use los auriculares:

– Escuche a niveles de sonido razonables durante períodos de tiempo razonables.

Tenga cuidado de no ajustar el nivel de sonido mientras se adapta su oído.

No suba el nivel de sonido hasta tal punto que no pueda escuchar lo que le rodea.

En situaciones posiblemente peligrosas, debe tener precaución e interrumpir temporalmente el uso. No utilice los auriculares cuando conduzca un vehículo motorizado, ni cuando practique ciclismo, patinaje, etc., ya que podría suponer un riesgo para el tráfico y es ilegal en muchas zonas.

Adaptado de www.philips.es.

EXAMEN 4

Preguntas

1. Según estas instrucciones, puede haber un accidente con heridos…
   a) si se pisa el cable del aparato.
   b) si el aparato cae al moverlo.
   c) si está en una zona calurosa.

2. No es conveniente…
   a) utilizar el aparato demasiado tiempo.
   b) tener enchufado el aparato cuando llueva.
   c) reparar el aparato en cualquier taller.

3. En el equipo deben usarse baterías…
   a) del mismo componente.
   b) recién compradas.
   c) de larga duración.

4. El enchufe del aparato debe…
   a) poderse desconectar fácilmente.
   b) desconectarse después de usarlo.
   c) poderse desconectar del adaptador.

5. Según este manual de instrucciones, el aparato…
   a) está diseñado para personas sordas.
   b) puede provocar lesiones en el oído.
   c) adapta el nivel de sonido al entorno.

6. Se debe dejar de usar el aparato…
   a) cuando se practiquen deportes peligrosos.
   b) cuando se esté en una situación peligrosa.
   c) cuando se conduzca una motocicleta.

HORA DE FINALIZACIÓN ___:___

EXAMEN 4

COMPRENSIÓN DE LECTURA Y USO DE LA LENGUA — TAREA 2

HORA DE INICIO ___:___

Instrucciones

Lea el siguiente texto, del que se han extraído seis párrafos. A continuación lea los siete fragmentos propuestos (A-G) y decida en qué lugar del texto (7-12) hay que colocar cada uno de ellos.

HAY UN FRAGMENTO QUE NO TIENE QUE ELEGIR.

Marque las opciones elegidas en la **Hoja de respuestas**.

TEXTO

Simón Pascual era más pobre que las ratas, hasta que un golpe de suerte cambió su destino. Nunca destacó en nada. Era el quinto de un total de ocho hermanos que se habían criado como los gatos salvajes. **7** _____ ni el muchacho era capaz de malgastar más de cinco minutos de su vida ante un libro.

Así las cosas, a la edad de catorce años tuvo que empezar a trabajar. Su padre, un borrachín crónico, se pasaba los días y las noches en una especie de coma etílico, sin enterarse de nada, y su madre tenía bastante con ir por las casas a limpiar escaleras y ganar cuatro monedas.

Simón conoció varios trabajos pero ninguno de ellos le satisfacía: peón de albañil, jornalero del campo, repartidor de pollos. Hasta que un día, por casualidad, al pasar por un horno vio un cartel pegado al cristal en el que se solicitaba aprendiz de panadería. Simón entró, preguntó qué había que hacer y dijo que sí a todo. Al día siguiente comenzó a trabajar en el horno. El primer día lo pasó rascando latas, rallando pan duro y moviendo sacos de harina. El segundo se dedicó a pesar ingredientes y pintar bollos. El tercer día había que preparar roscos. "Hacen falta muchos huevos, aceite, harina y azúcar. Y un buen lebrillo. Bájate al sótano y súbete el lebrillo amarillo", dijo el jefe. **8** _____ así que bajó al sótano y comenzó a buscar inútilmente lo que le habían pedido. Allí había de todo, como en un mercado persa: una lámpara antigua, varios sacos de harina, muchas barras de pan duro, palas viejas, maderas, hierros, sillas rotas, crucifijos oxidados, un somier de los tiempos de la guerra, trapos de colores indescriptibles, un retrato del Generalísimo, algunos carteles de toros. Pero no veía ningún lebrillo.

Simón, lejos de desesperarse, se hallaba fascinado mirándolo todo, como un niño en una fábrica de juguetes. **9** _____ en un sótano mágico donde tenía que haber un tesoro escondido o un pasadizo secreto o quién sabe qué otros prodigios.

Por fin descubrió el lebrillo, grande y amarillo, en un rincón, medio oculto por los carteles de toros que anunciaban una novillada en el pueblo muchos años atrás, cuando él aún no había nacido. Fue a coger el lebrillo y notó que un azulejo de la pared sobresalía un poco por la parte de arriba. Daba la impresión de que había sido colocado recientemente. Simón intentó ajustar el azulejo pero lo que consiguió fue justo lo contrario: el baldosín se acabó de soltar y estuvo a

EXAMEN 4

punto de caérsele al suelo y romperse. Por suerte se le quedó en la mano. Debajo del azulejo había un hueco, Simón se asomó con curiosidad y lo que halló lo dejó turulato. Aquel agujero estaba lleno de fajos de billetes.

Había tantos que podía empapelar su casa sin problemas. Lo primero que se le pasó por la cabeza fue tapar el agujero con el azulejo y olvidarse de lo que había descubierto. 10 _____ el retrato de Franco y unos cuantos trapos sucios. Tomó el lebrillo y subió al horno. "¿Cómo has tardado tanto?". "Es que no encontraba el lebrillo".

Simón estuvo todo el día haciendo roscos con las manos y contando billetes con el pensamiento. Por la noche, en su casa, no podía conciliar el sueño. Trataba de olvidar lo que había descubierto, pero su mente volvía una y otra vez al escondrijo secreto y, atacado por el insomnio, comenzaba a contar billetes como si contara ovejitas. 11 _____ bajó al sótano y metió todos los billetes en una gran bolsa. Desapareció de la ciudad y se fue muy lejos, dispuesto a darse la gran vida. Como siempre había soñado.

La policía detuvo al panadero, dos días después, por tráfico de cocaína, de armas y de blancas. 12 _____ que se había convertido en el hombre más buscado del país: la policía y la mafia le seguían los talones. Era solo cuestión de tiempo saber quién se llevaría el gato al agua.

Adaptado de http://www.juanramonbarat.com/deliciosos.html

FRAGMENTOS

A.	Sus ojos contemplaban aquel desbarajuste de objetos variopintos y soñaba que se encontraba en la cueva de Alí Babá y los cuarenta ladrones,
B.	Así lo hizo. Puso el baldosín con cuidado y luego colocó encima los carteles de toros,
C.	Escribió en un papel: "Me voy, jefe, dejo el trabajo" y se marchó para siempre.
D.	Simón era de ese tipo de personas que van al mar y no encuentran agua,
E.	Simón, incapaz de leer un periódico o de ver un telediario, ignoraba
F.	En la escuela era siempre de los últimos porque ni Dios le había dotado de un gran ingenio
G.	Al día siguiente, aprovechando un rato que se quedó solo en el horno,

HORA DE FINALIZACIÓN ___:___

EXAMEN 4

COMPRENSIÓN DE LECTURA Y USO DE LA LENGUA — TAREA 3

HORA DE INICIO ___:___

Instrucciones

Lea el texto y responda a las preguntas (13-18). Seleccione la opción correcta (A, B o C).

Marque las opciones elegidas en la **Hoja de respuestas**.

TEXTO

En la sociedad española actual, al igual que sucede en las sociedades desarrolladas de Occidente, la muerte ha dejado de ser un acontecimiento natural, presente y aceptado sin miedo ni desconsuelo, para pasar a configurarse en algo temido, oculto y rechazado, en un nuevo tabú. Y, en general, como consecuencia de este hecho, los rituales tradicionales en torno a la muerte, sobre todo en las zonas más urbanizadas, donde son considerados signo de atraso social o de debilidad personal, han sido reemplazados hasta casi desaparecer por nuevas formas más asépticas de tratamiento de la muerte, habiéndose conservado solo la costumbre de cuidar y visitar las tumbas de los antepasados en los cementerios, casi exclusivamente, a través de la visita anual del día de Todos los Santos.

En líneas generales, lo ocurrido al respecto en la localidad de Alcañiz en los últimos tiempos coincide, en buena parte, con el panorama expuesto con anterioridad. Así, por ejemplo, apenas se celebran ya velatorios en las casas. A ello ha contribuido de forma decisiva el que el Hospital Provincial de Alcañiz, desde hace algún tiempo, venga poniendo a disposición de quien desee hacer uso de ellos los dos espacios para velatorios con que cuenta, siempre que no estén ocupados por algún cadáver procedente del propio Hospital. También se encuentran en franca regresión tanto los funerales, entierros y lutos tradicionales como las antiguas formas de duelo que se desarrollaban en las casas (mediante rezos, evocaciones y recuerdos a los difuntos) y en las iglesias (con encargos de misas, conmemoraciones de aniversarios, festividades especiales y celebración de la víspera del día de difuntos, en la que se encendían velas en memoria de los seres queridos fallecidos, con el fin de alumbrarles en el camino hacia su destino final, y las campanas doblaban durante toda la noche).

Frente a lo que sucede en otras poblaciones, en Alcañiz, la visita al camposanto comienza después de la inhumación del cadáver del familiar fallecido, una vez que los primeros momentos de dolor han pasado y cuando ya se ha colocado la lápida en el nicho. Hasta la última guerra civil las lápidas de los nichos se situaban hundidas en el muro, lo que hacía posible disponer de un espacio para dejar las ofrendas en cera que se efectuaban en determinadas fechas. A partir de la posguerra y hasta los años setenta, se generalizó el cierre de ese espacio mediante una pequeña puerta de cristal, permitiendo depositar en él, de forma permanente, fotografías, flores y objetos piadosos. En la actualidad se prefiere una simple lápida al mismo nivel que el muro, que es cuidada con esmero e incluso protegida de los rayos del sol mediante pequeñas cortinas de tela.

EXAMEN 4

El ritmo de la visita suele ser semanal, generalmente el domingo, aunque puede hacerse cualquier otro día, lo que se ve favorecido por el amplio horario de apertura que posee el cementerio alcañizano. Son los hijos, cónyuges o padres del difunto, según el caso, quienes realizan la visita. Esta se desarrolla, casi de una forma ritual, de la siguiente manera: limpieza de la lápida (como si de una prolongación de la casa se tratara), colocación de las flores (naturales hasta que transcurren entre seis meses y un año, y artificiales y permanentes a partir de ese momento), evocación del difunto, rezo de una oración, visita a las sepulturas de otros familiares de segundo grado enterrados en el cementerio, y breve recorrido por los últimos bloques de nichos construidos con el fin de conocer la identidad y las circunstancias de la muerte de las personas fallecidas últimamente.

Uno de los aspectos más importantes de la visita al cementerio es, efectivamente, tener conocimiento de los últimos fallecimientos ocurridos en la ciudad y coincidir con los familiares respectivos, lo que ayuda a soportar mejor la pena propia, en una especie de socialización del duelo. Antiguamente, en Alcañiz era el pregonero quien informaba de las muertes que se producían. Hoy día, cuando ya no hay pregonero y las relaciones interpersonales, en una población de 11.820 habitantes, son menos intensas y por ello incapaces de cumplir esa labor informativa, la visita al cementerio, en el que las lápidas nuevas en los nichos señalan las inhumaciones recientes, es el mejor método, al poder ser recorrido en su totalidad sin mayores dificultades.

Adaptado de Francisco Javier Sáenz Guallar. "El culto a los muertos en la ciudad de Alcañiz". Revista *Turia*. Instituto de Estudios Turolenses.

EXAMEN 4

Preguntas

13. Según el texto, actualmente en España…
    a) se mantienen pocas costumbres funerarias del pasado.
    b) ha desaparecido la costumbre de visitar los cementerios.
    c) los ritos funerarios son interpretados como costumbres.

14. Para realizar los ritos funerarios en el hospital de Alcañiz…
    a) las familias de personas fallecidas en él tienen prioridad.
    b) los difuntos tienen que haber muerto en sus instalaciones.
    c) siempre se ha dispuesto de los locales y medios adecuados.

15. Según el texto…
    a) se ha puesto de moda llevar luto por los muertos.
    b) los ritos fúnebres incluían las oraciones en casa.
    c) por respeto a los muertos no sonaban las campanas.

16. A diferencia del resto de España, en la localidad de Alcañiz, los familiares…
    a) ponen fotografías del difunto sobre las tumbas sin lápida.
    b) protegen las puertas de la necrópolis con una cortina.
    c) tras el entierro, visitan frecuentemente el cementerio.

17. Según el texto, en la localidad de Alcañiz…
    a) la familia al completo realiza la visita al cementerio.
    b) hay un día habitual para hacer la visita al cementerio.
    c) en algunas épocas del año se llevan flores a las tumbas.

18. Al encontrarse a otras familias en el cementerio, según el texto…
    a) se afianzan las relaciones sociales.
    b) se comparte el dolor por la pérdida.
    c) se dispone de más información local.

 HORA DE FINALIZACIÓN ___:___

EXAMEN 4

COMPRENSIÓN DE LECTURA Y USO DE LA LENGUA — TAREA 4

HORA DE INICIO ___:___

Instrucciones

A continuación tiene seis textos (A-F) y ocho enunciados (19-26). Léalos y elija la letra del texto que corresponda a cada enunciado.

RECUERDE QUE HAY TEXTOS QUE DEBEN SER ELEGIDOS MÁS DE UNA VEZ.

Marque las opciones elegidas en la **Hoja de respuestas**.

TEXTOS

A) Sergi Aguilar (Barcelona, 1946). Entre 1962 y 1967 estudia en la Escuela Massana y en el Conservatorio de las Artes del Libro de Barcelona. En 1965 viaja a París, donde se produce su primer encuentro con la obra escultórica de Julio González y Brancusi. Procedente de una familia de tradición orfebre, comienza su carrera artística a finales de los años sesenta en el diseño y fabricación de joyas. A partir de 1972 se dedica plenamente a la escultura y utiliza durante los dos primeros años, preferentemente, el bronce, el latón, el hormigón y el acero. Su obra escultórica enlaza estéticamente con la tradición del purismo geométrico y el minimalismo. Para desarrollar su trabajo parte del dibujo y estudios preparatorios a los que concede una gran importancia. A la gran pureza formal que ha caracterizado a sus piezas desde sus inicios se ha unido en sus últimas obras la preocupación por las tonalidades de los materiales empleados.

B) Juan Antonio Aguirre (Madrid, 1945). Licenciado en Filosofía Pura. En 1965 presenta su primera exposición individual en la Galería Amadís, de la que poco después es nombrado director, dando a la sala una trayectoria de promoción de jóvenes artistas. En 1967 reúne a un heterogéneo núcleo de artistas entre los que se encuentran Gordillo, Iturralde, Alexanco, Julio Plaza y el propio Aguirre bajo la denominación de "Nueva Generación". En su libro **Arte último**, estudia la situación de la pintura española del momento y en especial la obra de los componentes del citado grupo. En los años setenta retoma su labor pictórica, que compagina con su trabajo como conservador del Museo Español de Arte Contemporáneo, del que llegó a ser subdirector. Su pintura, siempre figurativa, con una concepción artística ecléctica, parte de un primer momento en el que une elementos ópticos a una rigidez compositiva neoconstructivista; pronto configura el que será su estilo característico, colorista y de formas desdibujadas, influido por Bonnard y los fauvistas.

C) Darío Álvarez Brasso (Caracas, Venezuela, 1966). En 1988 obtuvo una beca para residir en la Ciudad Internacional de las Artes de París y al año siguiente recibió el Primer Premio de Pintura "Santa Lucía". En 1989 obtuvo otra beca para ir a la Academia Española de Bellas Artes en Roma. Sus primeras obras están realizadas en un estilo informalista, gestual y materialista, a contracorriente de la figuración expresionista dominante en Galicia, donde tiene su residencia. La tensión es parte esencial de su poética y se deriva de la presencia de símbolos figurativos de voluntad narrativa en pinturas concebidas en una atmósfera propia del expresionismo abstracto.

EXAMEN 4

D) Txomin Badiola (Bilbao, 1957). En 1989 fue comisario de la Exposición Antológica del escultor vasco Jorge de Oteiza para la Fundación Caja de Pensiones, que se exhibió en Madrid, Barcelona y Bilbao, y es autor de la catalogación de su obra. Comienza su profesión artística dentro de la pintura, centrándose posteriormente en el trabajo tridimensional. Estudia la tradición constructiva de las vanguardias históricas internacionales y de la escultura vasca contemporánea. Sus primeras esculturas en hierro seguían bajo la influencia del constructivismo y la concepción escultórica de Oteiza. En los últimos años su producción se ha diversificado y en sus construcciones e instalaciones ha ido introduciendo objetos, muebles, reproducciones fotográficas, vídeos, etc., que utiliza como signos y metáforas del mundo real en sus obras concebidas como "*flashes de lo real*".

E) Carmen Calvo (Valencia, 1950). Desde mediados de los setenta, seducida por la contemplación de las piezas arqueológicas que descubrió en su primera visita, en 1971, al Museo del Louvre de París, realiza una serie de obras con materiales cerámicos, barro, tizas, lijas y fragmentos de paletas, con los que compone mosaicos en los que en ocasiones surgen composiciones clasificadas y ordenadas sobre el lienzo, o bien estas adoptan líneas figurativas creando una serie de paisajes, *Naturalezas*, homenajes a pintores célebres, *Retratos* y *Bodegones*. Desde 1990 abandona gradualmente el acento pictoricista que tenían sus obras anteriores; en consonancia con esa constante fascinación por lo objetual comienza a realizar cajas geométricas, composiciones sobre mesas, unas estanterías en las que se disponen exvotos y reliquias profanas, donde encontramos el interés por lo residual que ha ido creciendo a lo largo de su trayectoria y ciertas resonancias constructivistas y dadaístas.

F) Dis Berlin (Mariano Carrera) (Ciria, Soria, 1959). Después de pasar su infancia y adolescencia en Zaragoza, se traslada a Madrid para estudiar Ciencias de la Información, carrera que abandonó para dedicarse a la pintura. En sus primeras exposiciones realizadas a principios de los años ochenta, la temática de sus obras procedía de campos muy variados como la moda, lo exótico, el cine, la fotografía, la poesía, etc. Tras unos años de residencia en Zaragoza, vuelve a Madrid, donde inicia lo que él mismo denomina "período azul", nostálgico y literario. Sus temas son aeropuertos, trenes, ciudades, paisajes y escenas de guerra, que construye según fórmulas derivadas de la pintura metafísica italiana. Su obra a partir de 1987 se ve invadida por formas geométricas que construye con colores planos y agresivos, en las que no faltan manipulaciones irónicas de referencias figurativas.

Adaptado de Fernando Huici. *Arte español de los años 80 y 90 en las colecciones del Museo Nacional centro de Arte Reina Sofía.*

EXAMEN 4

ENUNCIADOS

19. En sus creaciones se utilizan alegorías para contar historias.

    A)   B)   C)   D)   E)   F)

20. Se preocupa especialmente por la forma y el color de los diversos metales que esculpe.

    A)   B)   C)   D)   E)   F)

21. Se inspira en una corriente pictórica para sus composiciones bélicas.

    A)   B)   C)   D)   E)   F)

22. Descompone la realidad para burlarse de ella a través de pirámides, conos, cilindros, círculos, etc.

    A)   B)   C)   D)   E)   F)

23. Se ha dedicado también a la gestión cultural, concediendo especial atención a las nuevas promesas.

    A)   B)   C)   D)   E)   F)

24. Le interesa plasmar en sus composiciones el arte antiguo y por ese motivo utiliza materiales básicos.

    A)   B)   C)   D)   E)   F)

25. En sus obras más recientes utiliza la tecnología cotidiana para captar los momentos más significativos de la realidad que nos rodea.

    A)   B)   C)   D)   E)   F)

26. Su obra es una mezcla de ideas y teorías que se caracteriza por la deformación de las figuras.

    A)   B)   C)   D)   E)   F)

HORA DE FINALIZACIÓN ___:___

EXAMEN 4

COMPRENSIÓN DE LECTURA Y USO DE LA LENGUA — TAREA 5

HORA DE INICIO ___:___

Instrucciones

Lea el texto y rellene los huecos (27-40) con la opción correcta (A, B o C).

Marque las opciones elegidas en la **Hoja de respuestas**.

TEXTO

EL ASPIRANTE ESPAÑOL ESPERA SU MOMENTO

El nombre de Juan Ignacio Cirac ha vuelto a sonar este año en las quinielas para el Premio Nobel; aunque se siente orgulloso de ser candidato, cree que sus teorías aún deben verificarse: "No sería realista que yo fuera ahora candidato al Premio Nobel". Sin embargo, muchos de sus colegas en España están convencidos de que es el compatriota **27** _____ trabajos tienen más repercusión internacional en el campo de la Física.

Cirac dirige la División teórica del Instituto Max-Planck, una de las instituciones más prestigiosas del mundo. En su **28** _____ está el diseño teórico del computador del futuro, una máquina basada en la mecánica cuántica que, **29** _____ ser realizada, revolucionaría el mundo de las comunicaciones.

Los experimentos que se han ido realizando hasta ahora no han podido desmentir sus teorías, pero también es cierto que ese nuevo sistema cuántico aún no existe y el propio Cirac cree que por ello aún no ha llegado su momento. "Estoy orgulloso **30** _____ que se piense en mí para el Nobel, pero ese premio requiere un descubrimiento con una repercusión social grande y afianzada", ha declarado a esta revista.

Ahora está centrado en el desarrollo de repetidores cuánticos a distancias cortas y en el estudio de materiales que permitan conducir la electricidad y el calor de forma más segura y **31** _____. Quizá no sea su momento, pero lo **32** _____ es que según la web que analiza el impacto científico de los físicos de todo el mundo, Cirac ya era, en el año 2006, el sexto investigador más citado del planeta y dos de los que lo superaban ya **33** _____ conseguido el Premio Nobel. "Cirac es puntero en investigación básica y espero que consiga el Nobel; **34** _____ un reconocimiento social a la labor poco conocida de los físicos", señala la presidenta de la Real Sociedad de Física, María del Rosario de las Heras, la primera mujer que ocupa este **35** _____

Antonio Acín, investigador del Instituto de Ciencias Fotónicas de Barcelona, no duda en **36** _____ su trabajo de excepcional. "Muchos creemos que cambiará la sociedad con su ordenador cuántico. Ese computador aún tardará unos treinta años en ser realidad, pero el físico español está abriendo líneas que hacen indiscutible su **37** _____", asegura Acín.

El catedrático de Física Antonio Ruiz de Elvira es de **38** _____ piensan que a Cirac aún le queda mucho trabajo **39** _____ hacer: "Solo conseguirá el Nobel si demuestra que la computación cuántica funciona. Ni siquiera a Einstein se lo **40** _____ antes. La mecánica cuántica tiene unas propiedades que van bien en los transistores, pero Cirac trata de usar otras nuevas para que el sistema funcione más rápido. La teoría dice que es así, pero la práctica no".

Adaptado de Rosa M. Tristán. "El aspirante español espera su momento". *El Mundo*.

EXAMEN 4

OPCIONES

27.	a) que	b) del cual	c) cuyos
28.	a) haber	b) poder	c) deber
29.	a) por	b) para	c) de
30.	a) con	b) en	c) de
31.	a) suficiente	b) eficiente	c) deficiente
32.	a) seguro	b) cierto	c) certero
33.	a) habían	b) habrán	c) hayan
34.	a) será	b) es	c) sería
35.	a) cargo	b) ramo	c) oficio
36.	a) mencionar	b) calificar	c) considerar
37.	a) valentía	b) validez	c) valía
38.	a) cuyos	b) pocos que	c) los que
39.	a) por	b) para	c) en
40.	a) dieran	b) dieron	c) hubieran dado

HORA DE FINALIZACIÓN ___:___

EXAMEN 4

COMPRENSIÓN AUDITIVA Y USO DE LA LENGUA

TAREA 1 Pista 22

Instrucciones

Usted va a escuchar una conferencia en la que se tomaron las siguientes anotaciones. Luego deberá elegir para cada anotación (1-6) la palabra o fragmento de frase correspondiente entre las doce opciones que aparecen debajo (A-L). Escuchará la audición dos veces.

Marque las opciones seleccionadas en la **Hoja de respuestas**.

Ahora dispone de 1 minuto para leer las anotaciones:

1. Los elementos químicos son abundantes pero solo podemos aprovecharlos cuando se encuentran en la _____ de la Tierra.

2. Las reacciones químicas nos enseñan el principio de _____ que existe en los propios elementos.

3. Aunque no están agrupados en la tabla periódica, se puede establecer la _____ de los calcófilos.

4. En México, los elementos que transmiten mal la _____ son los más abundantes.

5. A los elementos que se encuentran rodeados de oxígeno no se les concedía _____ hasta hace poco tiempo.

6. Hay alguna _____ interesada en obtener metales para la fabricación de baterías de móvil.

OPCIONES

A. planta
B. electricidad
C. empresa
D. industria
E. categoría
F. tendencia
G. asociación
H. composición
I. actividad
J. superficie
K. clasificación
L. importancia

EXAMEN 4

COMPRENSIÓN AUDITIVA Y USO DE LA LENGUA

TAREA 2 Pista 23

Instrucciones

Usted va a escuchar cuatro conversaciones. Escuchará cada conversación dos veces. Después debe contestar a las preguntas (7-14). Seleccione la opción correcta (A, B o C).

Marque las opciones elegidas en la **Hoja de respuestas**.

PREGUNTAS

Conversación 1

7. Según lo que escuchamos en la conversación, la mujer…
   a) podría haber estado antes en su destino.
   b) ha tenido que adelantar el regreso.
   c) piensa que la ropa suele estar muy cara.

8. La mujer observa que el hombre está…
   a) triste.
   b) agotado.
   c) parado.

Conversación 2

9. A Pablo, el aumento de la cuota mensual en la asociación de padres…
   a) no le interesa.
   b) no le gusta.
   c) no le molesta.

10. Gema, al referirse a la posibilidad de que Chema participe en una competición deportiva…
    a) declara que creía que ya no jugaba.
    b) le advierte que va a hacer el ridículo.
    c) le manifiesta su apoyo incondicional.

Conversación 3

11. Cuando Magda le pide que le ayude, Javier…
    a) le ruega que el trabajo esté terminado pronto.
    b) se muestra dispuesto a echarle una mano.
    c) le dice que se encuentra en la misma situación.

EXAMEN 4

12. En el espectáculo al que Javier llevó a sus hijos la semana pasada…
    a) había muy pocos espectadores.
    b) actuaban diferentes animales.
    c) las actuaciones eran sencillas.

Conversación 4

13. Cuando le devolvieron su perro, el señor…
    a) se emocionó.
    b) gritó mucho.
    c) cambió de aspecto.

14. Ante la idea de volver a ver el perro, Chema…
    a) anima a Clara a seguir haciéndolo.
    b) cree que Clara debe prohibírselo a los niños.
    c) teme que Clara acabe con esa relación.

EXAMEN 4

COMPRENSIÓN AUDITIVA Y USO DE LA LENGUA

TAREA 3 Pista 24

Instrucciones

Usted va a escuchar una entrevista. Después debe contestar a las preguntas (15-20). Seleccione la opción correcta (A, B o C). Escuchará la entrevista dos veces.

Marque las opciones elegidas en la **Hoja de respuestas**.

PREGUNTAS

15. Según la entrevistadora, Paco Roca, en el Salón del Cómic de Barcelona, con su obra *Arrugas*, ha ganado...
    a) el premio al mejor guion en el año 2008.
    b) el premio a la mejor obra de autor español.
    c) los dos premios mencionados anteriormente.

16. Los padres del dibujante...
    a) creían que dedicarse a un trabajo artístico no era ético.
    b) querían que su hijo tuviera un trabajo bien visto socialmente.
    c) no entendían que su hijo leyera tantos cómics de pequeño.

17. Paco Roca utilizó el cómic desde que era niño porque...
    a) le costaba mucho expresar sus sentimientos.
    b) le parecía un medio completo de expresión.
    c) el dibujo sustituía las palabras que le faltaban.

18. Durante la entrevista, Paco Roca...
    a) se lamenta de la falta de editoriales con tradición española en el cómic.
    b) se enorgullece de ser el primer español que ha publicado cómic en Francia.
    c) reconoce que las editoriales francesas pagan más que las españolas.

19. Después de la buena acogida de *Arrugas*...
    a) el autor no ha vuelto a publicar en Francia sus otros libros.
    b) su adaptación ganó el premio a mejor película en los Goya.
    c) Paco Roca participó en la adaptación de su libro al cine.

20. Paco Roca dibujó un cartel para un salón del automóvil...
    a) en el que había dibujado demasiadas personas mayores.
    b) que encantó a los miembros de la agencia de publicidad.
    c) en el que se olvidó de incluir a más personas jóvenes.

EXAMEN 4

COMPRENSIÓN AUDITIVA Y USO DE LA LENGUA

TAREA 4 Pista 25

Instrucciones

Usted va a escuchar diez breves diálogos. Escuchará cada diálogo dos veces. Después debe contestar a las preguntas (21-30). Seleccione la opción correcta (A, B o C).

Marque las opciones elegidas en la **Hoja de respuestas**.

PREGUNTAS

Diálogo 1

21. Como ha perdido la agenda, Miguel…
    a) cree que ya le han puesto la vacuna al niño.
    b) piensa que ha pasado la fecha de vacunación.
    c) no recuerda el día que tienen la cita médica.

Diálogo 2

22. Según lo que dice Alba…
    a) resulta extraño que vuelvan los técnicos.
    b) no sabe que ya habían venido los técnicos.
    c) imaginaba que debían volver los técnicos.

Diálogo 3

23. Patricia quiere confirmar…
    a) por qué diccionario concretamente le pregunta.
    b) que se lo va a devolver antes del cumpleaños.
    c) que Juan posee un diccionario parecido al suyo.

Diálogo 4

24. Según lo que dice, Fernando…
    a) cree que se acuerda de Pili.
    b) sabe que se trata de su prima.
    c) pide información sobre Pili.

Diálogo 5

25. El próximo fin de semana, Pedro…
    a) no puede de ningún modo ir a la playa.
    b) se niega en redondo a ir a la playa.
    c) está deseando poder ir a la playa.

EXAMEN 4

Diálogo 6

26. Según lo que contesta, Eduardo…
    a) está encantado de hacerle ese favor.
    b) le pide que se dé prisa porque es tarde.
    c) siente decirle que no puede vigilarlo.

Diálogo 7

27. En este momento, Esperanza…
    a) es partidaria de quedarse hoy en casa.
    b) reprocha a su amigo que no quiera salir.
    c) quiere saber la hora a la que prefiere salir.

Diálogo 8

28. Eugenio responde…
    a) animando a su amiga en la decisión que ha tomado.
    b) advirtiéndole a su amiga que no dispone de tiempo.
    c) proponiéndole que no asista al curso de natación.

Diálogo 9

29. Por lo que dice, Bernardo…
    a) piensa que eligió bien el medio de transporte.
    b) no sabe por lo que le están preguntando.
    c) cree que lo peor de todo ha sido el viaje.

Diálogo 10

30. Según Teresa…
    a) Luis está más guapo que nunca.
    b) Luis le hizo gestos para no hablar.
    c) Luis se sorprendió mucho al verla.

EXAMEN 4

COMPRENSIÓN AUDITIVA Y EXPRESIÓN E INTERACCIÓN ESCRITAS

TAREA 1 Pista 26

HORA DE INICIO ___:___

Instrucciones

A continuación escuchará la primera parte de una conferencia en la que se exponen algunas recomendaciones sobre los hábitos saludables para la prevención de enfermedades. La escuchará dos veces. Durante la audición podrá tomar notas.

Después, redactará una argumentación en la que deberá recoger los puntos principales de ambas posturas y expresar de forma justificada su punto de vista.

Número de palabras: entre 220 y 250 palabras.

HORA DE FINALIZACIÓN ___:___

EXAMEN 4

COMPRENSIÓN AUDITIVA Y EXPRESIÓN E INTERACCIÓN ESCRITAS

TAREA 2

HORA DE INICIO ___:___

Instrucciones

Elija solo una de las dos opciones que se le ofrecen a continuación

Número de palabras: entre 180 y 220 palabras.

OPCIÓN 1

Usted ha participado en un concurso televisivo en el que ha conseguido el primer premio: un viaje a Benidorm, para dos personas, con todos los gastos pagados en la primera semana de marzo. Usted no ha conseguido permiso en su trabajo para disfrutar de sus vacaciones, por lo que desea cambiar la fecha para disfrutar el premio. Escriba un correo electrónico a la dirección del programa en el que:

— exprese su alegría y satisfacción por haber participado en el programa y haber conseguido el premio;
— explique las gestiones que ha realizado para conseguir el permiso de vacaciones en su empresa;
— solicite el cambio de fecha y proponga una alternativa que a usted le convenga;
— plantee la posibilidad de recibir la cantidad en dinero.

EXAMEN 4

OPCIÓN 2

Usted tiene que dirigirse a un grupo de inversores que están interesados por el funcionamiento de su empresa y quieren conocer cuál es el organigrama de su empresa.

⌛ **HORA DE FINALIZACIÓN** ___:___

EXAMEN 4

COMPRENSIÓN DE LECTURA Y EXPRESIÓN E INTERACCIÓN ORALES

TAREA 1

Instrucciones

Usted debe realizar una presentación oral sobre el texto adjunto. Su exposición debe incluir los siguientes puntos:

— tema central;
— ideas principales y secundarias;
— comentario sobre las ideas principales;
— intención del autor, si procede.

Dispone de entre **3 y 5 minutos**. Puede consultar sus notas, pero la presentación no puede limitarse a una lectura de las mismas.

TEXTO

Lo más revolucionario que le ha pasado a la cultura humana en los últimos tiempos ha sido el desarrollo de Internet. Su despliegue no ha hecho más que empezar, pero ya escuchamos los primeros crujidos que anuncian el resquebrajamiento de gran parte de las superestructuras políticas y económicas tradicionales. Pero Internet, la más poderosa herramienta de emancipación cultural, fue diseñada desde el principio para escapar a cualquier control y no se deja influir fácilmente por Estados, instituciones, corporaciones ni grupos de presión, ofreciéndose libre y completa a cualquier ciudadano en cualquier rincón del planeta con acceso a ella.

La clase política, acostumbrada desde siempre a manipular y mantener en la penumbra sus manejos, ve con inquietud creciente la transparencia y libertad que Internet aporta. Todos los Estados han mantenido caros y secretísimos servicios de espionaje: uno de sus máximos objetivos consistía en localizar y fotografiar las instalaciones de los otros Estados. Actualmente, cualquiera puede descargar esas fotos de Internet, lo que ha hecho obsoletos gran parte de los servicios de espionaje.

Otro aspecto relevante relacionado con Internet es el debatido canon digital, que ha sido considerado por muchos como un disparate jurídico: una multa que se impone a todos los compradores de un soporte con el que se podría delinquir, aunque no se delinca. La excusa de esta tasa sobre los materiales de reproducción digital es que los compradores podrían usarlos para copiar contenidos de propiedad ajena. Es como si se dijera que todo comprador de un cuchillo de cocina debe pasar una semana en la cárcel, pues algunos usan los cuchillos para asesinar al vecino y la policía no siempre puede encontrar a los culpables.

Lo que necesitamos es un debate abierto, racional, sereno y sin prejuicios. Internet está aquí para quedarse, afortunadamente, pues es la mejor esperanza que tenemos de un mundo sin

EXAMEN 4

censuras, controles ni fronteras, donde cada ser humano tenga acceso a toda la cultura sin límites ni restricciones y decida libremente en cada momento qué hacer y cómo hacerlo y en qué lengua hacerlo y por qué ideas interesarse y con quién hablar y comerciar y ligar.

No hay que demonizar las descargas en Internet. No es lo mismo copiar que robar. El ladrón priva al dueño de la posesión y usufructo de su propiedad, pero no es así el copión, que se la deja entera. No es lo mismo robar un cuadro en un museo que reproducir su fotografía (que, hecha sin flash, no perjudica para nada al cuadro mismo). Los típicos objetos de robo son entidades compuestas de materia y forma, como los coches. Quien me roba el coche me deja sin coche. Los objetos de copia son formas puras, como la información, que no desaparecen por el hecho de ser reproducidas. Quien copia un texto mío no me priva del texto ni de las ideas que expresa, aunque a veces signifique una pérdida de posibles ingresos. En realidad, aunque me irrita mucho que me roben la cartera, más bien me halaga que alguien se interese tanto por mis escritos como para fotocopiarlos o colgarlos en su blog.

Hay que proteger la propiedad intelectual, pero también hay que desempolvar las convenciones a menudo obsoletas que la regulan. Las patentes industriales son los productos sometidos a propiedad intelectual más relevantes económicamente; a pesar de ello, tienen una validez de 20 años, tras la cual pasan al dominio público y cualquiera puede usar lo patentado. En su actual regulación, la propiedad intelectual de autores y artistas no solo dura toda la vida del autor (con lo cual es fácil estar de acuerdo), sino que además, tras su muerte, todavía se extiende nada menos que 70 años a sus herederos y a los herederos de sus herederos, que nada han tenido que ver con su creación. Como ha escrito Josep Ramoneda, "habrá que encontrar fórmulas para que los herederos de un artista no vivan 70 años del cuento".

Todas estas cosas requieren una consideración pausada. Los intereses que tanto defiende la ley (y que en parte son también los míos) son respetables, desde luego, pero no menos respetables son las ansias de libertad y autonomía de la comunidad creciente de los internautas, que incluye a la mayor y mejor parte de la juventud española (y mundial). Hay que buscar fórmulas nuevas e imaginativas de combinar rentabilidad y libertad, como hizo, por ejemplo, *Google* con su idea de combinar su envidiable rentabilidad empresarial con la libertad y la gratuidad de sus servicios a los consumidores, atrayendo y cobrando la publicidad.

Adaptado de Jesús Mosterín. "A favor de Internet". *El País*.

EXAMEN 4

COMPRENSIÓN DE LECTURA Y EXPRESIÓN E INTERACCIÓN ORALES

TAREA 2 Pista 27

Instrucciones

Usted debe mantener una conversación con el entrevistador sobre el tema del texto de la Tarea 1. En la conversación, usted deberá:

— dar su opinión personal sobre el tema;
— justificar su opinión con argumentos;
— rebatir, si procede, las opiniones que exprese su interlocutor.

La conversación durará entre **4 y 6 minutos**.

Escuche ahora las preguntas del entrevistador en la **pista 27**. Detenga el reproductor para contestar después de cada pregunta.

EXAMEN 4

COMPRENSIÓN DE LECTURA Y EXPRESIÓN E INTERACCIÓN ORALES

Instrucciones

En la empresa hostelera PAPAFRITAS se han reunido los directivos para elegir el diseño y la presentación de las cartas de menú para sus restaurantes de comida rápida, destinados a jóvenes, que se van a inaugurar en los próximos meses en varias ciudades.

Para elegir la forma y las ilustraciones de la carta, los diseñadores van a tener en cuenta los siguientes criterios:

— el tipo de público y la utilidad que va a tener;
— el formato y la presentación de las comidas;
— la originalidad y la claridad de las ofertas;
— su estética, el colorido y la calidad de las fotografías.

Aquí tiene los cuatro formatos seleccionados:

EXAMEN 4

COMPRENSIÓN DE LECTURA Y EXPRESIÓN E INTERACCIÓN ORALES

Teniendo en cuenta los criterios de la empresa y el tipo de restaurante, ¿cuál debería ser, en su opinión, el tipo de carta elegido? Discuta su elección con el entrevistador hasta que ambos lleguen a un acuerdo.

Recuerde que se trata de una conversación abierta y que, por tanto, puede interrumpir a su interlocutor, discrepar, pedir y dar aclaraciones, argumentar sus opiniones, rebatir las del entrevistador, etc.

La duración de la conversación será de entre **4 y 6 minutos**.

Escuche las preguntas del entrevistador en la **pista 28**. Detenga el reproductor para contestar después de cada intervención.

EXAMEN 5

COMPRENSIÓN DE LECTURA Y USO DE LA LENGUA — TAREA 1

HORA DE INICIO ___:___

Instrucciones

Lea el texto y conteste a las preguntas (1-6). Seleccione la opción correcta (A, B o C).

Marque las opciones elegidas en la **Hoja de respuestas**.

TEXTO

CONDICIONES GENERALES DEL CONTRATO "PLAN PERSONALIZADO VIVIENDA"

Primera – Titularidad de las instalaciones.

La propiedad del depósito de almacenamiento de gas es de Repsol Gas.

Repsol Gas cede al cliente, en régimen de arrendamiento, el uso del depósito de almacenamiento y restantes elementos de la instalación que son de su propiedad, con destino a ser utilizados para el almacenamiento y consumo por este último del Gas Licuado a granel que le será suministrado de forma exclusiva por aquella.

Repsol Gas podrá sustituir el depósito de almacenamiento y el tipo de gas suministrado por razones de seguridad, de tecnología y/o de mercado.

Segunda – Obligaciones de Repsol Gas.

Las obligaciones de Repsol Gas para cada producto contratado serán las siguientes:

a) Realizar los suministros de Gas Licuado al cliente, en las cantidades que este precise para su consumo doméstico y en la forma y plazos que se establecen en la Condición General Cuarta del presente contrato.
b) Adquirir y entregar el depósito de almacenamiento de Gas Licuado en la dirección de la instalación reflejada en el contrato.
c) Conservar, mantener y reparar el depósito de almacenamiento.
d) Realizar las revisiones oficiales de la red de distribución exterior y bocas de carga ubicadas fuera del edificio y las pruebas periódicas de presión de acuerdo a la reglamentación vigente.
e) Efectuar las revisiones periódicas reglamentarias de la instalación receptora individual del cliente ubicada en el interior de la vivienda.
f) Prestar un servicio de asistencia técnica permanente de la instalación, así como efectuar el asesoramiento técnico al cliente.

Tercera – Obligaciones del cliente.

Correlativamente con las obligaciones asumidas por Repsol Gas, será a cuenta y cargo del cliente, en relación con cada producto contratado, el cumplimiento de las siguientes obligaciones:

a) Abonar a Repsol Gas, a partir de la puesta en marcha de la instalación, el importe de los suministros de Gas Licuado efectuados en la misma y de las cuotas establecidas para los productos que resulten de las liquidaciones periódicas así como de las regulaciones anuales por consumo de gas.

b) Domiciliar el abono de las cuotas y pagos a su cargo y a favor de Repsol Gas, en una entidad bancaria o caja de ahorros.

c) Satisfacer los gastos derivados de la construcción de la instalación de almacenamiento y red exterior e interior, y de su legalización para la puesta en marcha de la misma, así como los de la obra civil, según especificaciones técnicas de Repsol Gas.

d) La obtención, en caso de que el municipio donde se ubique la instalación lo requiera, de las licencias municipales de la instalación abonando las tasas correspondientes.

e) Iniciar el consumo de Gas Licuado dentro de un plazo no superior a tres meses, contados desde la fecha de autorización de puesta en marcha de la instalación.

f) Disponer y mantener en las adecuadas condiciones de uso y circulación los viales propios y puertas de acceso a la instalación, a fin de que los camiones cisterna puedan realizar con plena seguridad el suministro y trasvase del Gas Licuado a la instalación.

g) Permitir el acceso del personal y técnicos de Repsol Gas y de los terceros designados por ella, a la zona y depósito de almacenamiento y a la red exterior e interior de Gas Licuado, siempre que aquella lo requiera al objeto de realizar el suministro a la instalación o las labores derivadas de la inspección, revisión o asistencia técnica de aquella.

h) Ceder a Repsol Gas el uso gratuito del terreno sobre el que se ubicará el depósito y zona de almacenamiento de gas y la red exterior.

i) Abstenerse de utilizar el depósito, instalaciones, materiales y equipos de propiedad de Repsol Gas para suministros de gas efectuados por otras empresas distintas.

j) No modificar la instalación de gas ni sus diversas partes y elementos sin el previo consentimiento expreso de Repsol Gas, y sin contar con las autorizaciones del órgano territorial competente que, en su caso, se requieran.

k) No utilizar el Gas Licuado suministrado a la instalación como carburante ni dedicarlo a otra finalidad distinta a la de uso doméstico.

Cuarta – Condiciones del suministro.

El cliente podrá realizar pedidos de gas a su conveniencia y, en especial, cuando compruebe que el indicador de nivel de Gas Licuado en el depósito desciende del 25% de su contenido máximo.

Repsol Gas dispondrá, desde la recepción de cada pedido, de un plazo de 4 días hábiles —excluidos del cómputo sábados, domingos y festivos— para realizar el suministro.

El pedido mínimo de gas será de 400 kg., excepto para depósitos de capacidad inferior a 2450 litros, que será de 200 kg.

EXAMEN 5

Preguntas

1. Según este contrato, el depósito de gas…
    a) pertenece al cliente en propiedad.
    b) está alquilado a la compañía.
    c) Repsol lo alquila al cliente.

2. Según las condiciones de este contrato…
    a) el gas lo puede suministrar cualquier otra compañía.
    b) la sustitución del depósito la decide el propietario.
    c) el tipo de gas es siempre el más seguro y adecuado.

3. La compañía suministradora es la encargada de…
    a) realizar las pruebas de presión cada cierto tiempo.
    b) revisar periódicamente la distribución del gas.
    c) medir el consumo de los combustibles en la casa.

4. Según estas condiciones…
    a) el consumo de gas debe iniciarse antes de los cien días de firmar el contrato.
    b) solo técnicos de la empresa pueden revisar el depósito de almacenamiento.
    c) el cliente debe pagar al Ayuntamiento los permisos que sean necesarios.

5. El cliente puede…
    a) cambiar las instalaciones.
    b) vender el terreno del depósito.
    c) comprar gas a otras empresas.

6. Como norma general, el pedido del gas…
    a) podrá entregarse a la semana siguiente.
    b) debe recibirse en cuatro días naturales
    c) será de 200 kilos como mínimo.

HORA DE FINALIZACIÓN ____:____

EXAMEN 5

COMPRENSIÓN DE LECTURA Y USO DE LA LENGUA — TAREA 2

⌛ HORA DE INICIO ___:___

Instrucciones

Lea el siguiente texto, del que se han extraído seis párrafos. A continuación lea los siete fragmentos propuestos (A-G) y decida en qué lugar del texto (7-12) hay que colocar cada uno de ellos.

HAY UN FRAGMENTO QUE NO TIENE QUE ELEGIR.

Marque las opciones elegidas en la **Hoja de respuestas**.

TEXTO

Hace años escuché a uno de los guionistas españoles a los que más admiro, Manolo Matji, una sencilla y demoledora frase que desde entonces no he podido quitarme de la cabeza: "Un guion no es nada". Un guion en sí mismo no es nada. **7** _____ cuyo único objetivo es con suerte servir de guía a un centenar de personas (director, actores, equipo técnico y artístico), para llegar al verdadero objetivo: hacer una película.

Esa es la razón por la que cuando surgió la idea de publicar este guion, tuve serias dudas. Si es cierto que no es una obra literaria con entidad propia, ¿para qué publicarlo entonces? **8** _____ cuyas palabras también resuenan una y otra vez en mi cabeza cada vez que pienso en este tema: "Un guion es todo". Un guion es la pieza clave en toda obra cinematográfica. Y en sí mismo ya contiene, o debería contener, todos los elementos esenciales de una película. Un guion es, por definición, la piedra angular de un filme. Y, además, una obra literaria como pueda serlo una obra de teatro o una novela.

Un momento, ¿qué está ocurriendo aquí? **9** _____ Y entonces me vinieron a la memoria, a modo de tabla de salvación, las palabras de otro maestro en esto de escribir para el cine, Joaquín Oristrell, que con su consabida paciencia y su especial habilidad para encontrar las palabras apropiadas, dijo: "Un guion es lo que es".

Efectivamente, un guion no es ni más ni menos que la pieza más importante de una obra cinematográfica. En definitiva, es lo que es.

Yo mismo buscaba con avidez, e incluso con desesperación, guiones cuando estudiaba cine y rodaba mis primeros cortos en vídeo. **10** _____ auténticos guiones profesionales editados, y no meras transcripciones de las películas tal y como se habían estrenado. Así que pensé que si este guion se publicaba, podría interesar a estudiantes de cine, a aficionados, a espectadores, a cualquiera que tuviese la curiosidad de ver cómo un puñado de páginas se había convertido de verdad en una hora y cuarenta y cinco minutos de cine. Por eso he decidido publicarlo. Y publicar además la última versión del guion antes del rodaje, y no una versión corregida a partir del montaje definitivo de la película. Para que de esta forma, el lector, si así lo desea, pueda comparar el guion con lo que finalmente ha terminado convirtiéndose esta película. En resumen, todo y nada.

EXAMEN 5

Debo advertir que, como no podía ser de otra forma, en el proceso de rodaje y montaje, se han eliminado y modificado varias secuencias, personajes y diálogos. **11** _____ creo que enriquecieron notablemente algunas secuencias.

La primera versión del guion de *El penalti más largo del mundo* la escribí a principios de 2001, hace ya cuatro años. Desde entonces ha sufrido muchas modificaciones, tanto en el tono como en la estructura de la historia. Y, desde luego, he tenido la suerte de que un buen puñado de amigos (entre los cuales quiero mencionar especialmente a Fernando León de Aranoa, a David Serrano, a Jorge Iglesias y a Ángela Armero) haya contribuido con sus opiniones y sus ideas a mejorar esta historia. **12** _____ fue capaz de condensar en apenas cinco estupendas páginas un relato de verdad humano y emocionante, y que yo he sido tan torpe que he necesitado ciento veinte páginas para contar la misma historia. Y gracias por anticipado al lector que ha decidido dedicar parte de su tiempo a leer estas páginas. Aunque no puedo dejar de recordarle, o de advertirle, con aquella frase: "Un guion no es nada".

Adaptado de Roberto Santiago. *El penalti más largo del mundo.* Editorial Ocho y medio.

FRAGMENTOS

A.	¿Es posible ambas cosas a la vez, que un guion sea todo y nada al mismo tiempo? ¿Es posible que dos de los mejores guionistas españoles de todos los tiempos estuvieran en desacuerdo en algo tan esencial?
B.	Gracias, de corazón, a todos ellos. Gracias también a Osvaldo Soriano, un gran escritor que
C.	Pero en ese momento recordé inmediatamente las palabras de otra de las más grandes guionistas españolas, Lola Salvador;
D.	Para tratar de entender cuál había sido el camino que habían seguido otros antes que yo. Y lo cierto es que resultaba muy difícil encontrar
E.	Y, al mismo tiempo, la única condenada a desaparecer devorada por la propia película
F.	No es una obra literaria. No es el final del camino. No es un trabajo acabado. Es solo una parte de un proceso. Unas cuantas páginas
G.	También he incorporado en esta versión ciertas sugerencias que hicieron los actores durante los ensayos, y que

 HORA DE FINALIZACIÓN ___:___

EXAMEN 5

COMPRENSIÓN DE LECTURA Y USO DE LA LENGUA — TAREA 3

HORA DE INICIO ___:___

Instrucciones

Lea el texto y responda a las preguntas (13-18). Seleccione la opción correcta (A, B o C).

Marque las opciones elegidas en la **Hoja de respuestas**.

TEXTO

Ha tardado más de dos siglos, pero finalmente la Real Academia Española cumplirá uno de sus deberes a lo grande. A partir de febrero comenzará la publicación de su Biblioteca Clásica, una serie con las mejores obras de la literatura española, que arranca con un hito de la épica medieval —el *Cantar de Mío Cid*— y se cierra con el magistral fresco rural decimonónico *Los pazos de Ulloa*. Círculo de Lectores-Galaxia Gutenberg será la encargada de editar esta colección, que financia la Fundación La Caixa. Este año se publicarán ocho títulos, según el acuerdo firmado entre el director de la Academia, Víctor García de la Concha, y el presidente de la Fundación La Caixa, Isidro Fainé, cuya pertenencia al Patronato de la Fundación Pro Real Academia Española despejó el camino para la realización del proyecto que la Academia tenía en mente desde hace años. Se calcula que la entidad destinará alrededor de 750.000 euros al proyecto, que finalizará en 2015.

"Uno de los artículos de los Estatutos señala como una de las obligaciones de la Academia la publicación de obras clásicas en ediciones esmeradas y accesibles", expone Francisco Rico, el académico y catedrático de la Universidad de Barcelona que ha coordinado la colección. "La Academia lo había intentado cumplir, había empezado con algunas obras, pero en general se había incumplido con esta obligación", añade.

Es la primera vez que la institución se embarca en una aventura semejante, aunque de forma discontinua se habían lanzado ediciones señeras de algunas obras maestras. Han sido las editoriales las que hasta ahora habían emprendido la tarea de compilar las joyas del español. El hecho de que sea la Academia la que apadrine esta Biblioteca Clásica, el canon de la literatura en español, le confiere una especial transcendencia.

Rico ha seleccionado los 111 títulos que componen la colección sin notables quebraderos de cabeza. "No es difícil, hay un consenso universal. Un clásico es un libro de otro tiempo que sigue teniendo un valor en nuestro tiempo". Más inusual es encontrar en colecciones similares algunos títulos de la etapa colonial española, como *Tradiciones peruanas*, una obra en la que Ricardo Palma ya en el siglo XIX entretejía ficción y realidad en relatos publicados en periódicos y revistas, o *María*, la novela cumbre del colombiano Jorge Isaacs.

Pero hay otro aspecto de la colección que la distingue de iniciativas anteriores: los clásicos no solo tendrán versión impresa; también podrán descargarse versiones digitales de libre acceso

EXAMEN 5

y textos para dispositivos electrónicos, que estarán disponibles desde el portal de la Real Academia Española. Habrá PDF con las obras que se podrán descargar libremente y textos cortos para leer en el metro, como explican los responsables de la colección. A mediados de febrero saldrán a la venta los primeros títulos (el *Cantar de Mío Cid, Milagros de Nuestra Señora* y *La vida del Buscón* inaugurarán la serie) y la oferta digital irá rotando 12 obras en la web de la institución.

Cada volumen arrancará con una breve introducción de tres páginas, a la que seguirán el texto literario, los estudios críticos y las notas complementarias. La Academia aprovecha para incorporar a la colección algunos estudios ya realizados, aunque se actualizan para esta serie, porque como comenta el profesor Rico "no partimos de cero; hay que partir de ediciones anteriores, que son mejoradas". Sin embargo, la mayoría de las obras tendrán trabajos de nuevo cuño.

En esta primera compilación que ofrecerá una versión digital de las obras maestras en español podremos encontrar textos poéticos (de Jorge Manrique a Rosalía de Castro), algunas obras teatrales así como novelas decimonónicas que cerrarán la colección.

Adaptado de Tereixa Constenla, "El Cid campea… en papel y en Internet". *El País*.

EXAMEN 5

Preguntas

13. Según esta noticia, la Biblioteca Clásica que publicará la Real Academia Española…
    a) comienza con una obra menor original de la Edad Media.
    b) era una obligación institucional contraída desde su creación.
    c) termina con una obra reciente ambientada en el campo.

14. Para cumplir con los criterios de la Academia, los textos que van a publicarse deben ser…
    a) fáciles de encontrar y muy cuidados.
    b) fáciles de leer y distribuidos gratuitamente.
    c) fáciles de usar y moralmente intachables.

15. Según el texto,
    a) las ediciones anteriores de los clásicos no eran fiables.
    b) este proyecto se realiza gracias a diversas editoriales.
    c) la importancia de esta colección reside en su editor.

16. Lo peculiar de esta colección es que…
    a) ha sido fácil de realizar la selección de autores.
    b) incorpora algunas obras hispanoamericanas.
    c) incluye textos periodísticos decimonónicos.

17. En la página web de la Academia…
    a) se podrán descargar gratis los textos.
    b) se ofrecerán solamente doce obras.
    c) se podrán comprar desde febrero.

18. La mayor parte de los estudios críticos que acompañan a los textos literarios…
    a) se han hecho expresamente para esta colección.
    b) estaban ya publicados pero han sido revisados.
    c) preceden a la obra original con sus anotaciones.

HORA DE FINALIZACIÓN ___:___

EXAMEN 5

COMPRENSIÓN DE LECTURA Y USO DE LA LENGUA — TAREA 4

HORA DE INICIO ___:___

Instrucciones

A continuación tiene seis textos (A-F) y ocho enunciados (19-26). Léalos y elija la letra del texto que corresponda a cada enunciado.

RECUERDE QUE HAY TEXTOS QUE DEBEN SER ELEGIDOS MÁS DE UNA VEZ.

Marque las opciones elegidas en la **Hoja de respuestas**.
A continuación leerá las características de ciertas publicaciones periódicas pertenecientes a diferentes ámbitos del conocimiento.

TEXTOS

A) *Ábaco. Revista de Cultura y Ciencias Sociales* incorpora en sus páginas un horizonte amplio, universal, como los mismos hechos e ideas sobre los que trata de reflexionar y debatir. El contenido de la revista se centra en un tema monográfico tratado desde diferentes perspectivas (economía, sociología, psicología, ecología…). A la vez, tienen cabida en sus páginas un taller literario, otros artículos de análisis social, notas, reseñas de libros, etc., que combinan desde esta óptica interdisciplinar el rigor con la amenidad. Gracias a su distribución nacional e internacional, tiene acuerdos de colaboración con diversas instituciones europeas y americanas mediante las cuales prestigiosos profesionales de las ciencias sociales colaboran en sus páginas.

B) *Álbum, Letras y Artes* es una publicación dirigida a un colectivo cada vez más importante: el hombre preocupado por lo estético en las diversas facetas de su entorno y su vida. El contenido busca una equilibrada simbiosis entre la absoluta novedad de lo inmediato y el destilado encanto de la obra imperecedera de los grandes maestros. Pintura, Fotografía, Arquitectura y Literatura sirven para sumergirse en las formas fundamentales de expresión, y comprender el arte no como hecho aislado o estilo concreto, sino como consecuencia de una época y manifestación de una cultura. Por ello, es una revista dirigida a un amplio número de lectores y una publicación interesante, amena y actual.

C) *Arquitectura Viva* es una revista española ágil y de clara vocación periodística, cuyos intereses van más allá de la arquitectura para extenderse a otras disciplinas afines. Preocupada por reflejar la actualidad desde una perspectiva plural y crítica, da cuenta de las más recientes tendencias promovidas por los grandes centros internacionales de exposición y debate, todo ello organizado en varias secciones: noticias, tema de portada, obras y proyectos, arte, cultura y opinión. La revista es asimismo un instrumento indispensable para obtener información acerca de los concursos, las convocatorias de cursos, conferencias o exposiciones y las novedades de productos para la arquitectura y el diseño. Se publica en español con resúmenes en inglés.

EXAMEN 5

D) Los objetivos de *Artecontexto* son impulsar el debate, contribuir a la visibilidad de los artistas españoles en el contexto internacional y trazar un diálogo permanente con la producción visual de Latinoamérica, así como dedicar una especial atención a los nuevos medios y al *net.art*. Las profundas transformaciones que se están operando en el territorio del arte requieren también nuevas formas de aproximación por nuestra parte; las prácticas artísticas se contaminan ahora de fórmulas provenientes de otros campos que requieren una mayor complejidad en su análisis y exigen dotarse de nuevas y diferentes herramientas para su lectura. Aspiramos a recoger y reflejar esa complejidad, y para ello queremos construir un espacio en proceso que cumpla tanto el papel de sismógrafo como el de detonador. *Artecontexto* es una publicación trimestral.

E) *Comunicar* es una revista científica de ámbito iberoamericano que pretende fomentar el intercambio de ideas, la reflexión y la investigación entre dos ámbitos que se consideran prioritarios para el desarrollo de los pueblos: la educación y la comunicación. Profesionales del periodismo y la docencia tienen en este medio una plataforma para fomentar la comunicación y la educación, como ejes neurálgicos de la democracia, la consolidación de la ciudadanía y el progreso cultural. La educación en medios de comunicación es, por tanto, el prisma central de esta revista. Esta publicación, que se edita desde hace más de dos décadas, analiza la temática de los medios de comunicación y las tecnologías en el contexto de la sociedad digital y de la información. Revista indizada en más de 100 bases de datos internacionales, con un alto impacto en la comunidad científica y cultural.

F) La revista *Grial* apareció por vez primera en 1951, pero una suspensión administrativa la obligó a un silencio de más de diez años. Reapareció en 1963 y desde entonces no ha dejado de publicarse. El espíritu universal que le imprimieron sus fundadores, servir de cauce responsable de la actividad cultural gallega y hacer de puente para la incorporación de la cultura universal a Galicia, sigue siendo el mismo que preside la elaboración de la revista en la actualidad. Después de todo, esta publicación lleva el nombre de una hermosa leyenda que es patrimonio cultural de toda Europa, pero que está también presente en la historia y el arte gallegos. En *Grial* aparecen trabajos que obedecen al doble propósito de informar sobre la realidad de Galicia, al mismo tiempo que se informa y reflexiona sobre los más diversos aspectos de la cultura universal.

Adaptado de Revistas Culturales de España. Asociación de Revistas Culturales de España (ARCE).

EXAMEN 5

ENUNCIADOS

19. Aparecen cuatro números de la revista al año.

    A)   B)   C)   D)   E)   F)

20. Contiene un extracto de los artículos en otra lengua.

    A)   B)   C)   D)   E)   F)

21. Tiene un prestigio consolidado por su trayectoria.

    A)   B)   C)   D)   E)   F)

22. Sufrió la censura que le impidió aparecer durante más de una década.

    A)   B)   C)   D)   E)   F)

23. Se interesa por las obras de arte desarrolladas con procedimientos no convencionales.

    A)   B)   C)   D)   E)   F)

24. En sus páginas también se publican notas y comentarios a libros publicados.

    A)   B)   C)   D)   E)   F)

25. Combina la actualidad con lo clásico, por eso se dirige a un público variado y numeroso.

    A)   B)   C)   D)   E)   F)

26. Se puede saber cómo participar en diversas actividades.

    A)   B)   C)   D)   E)   F)

HORA DE FINALIZACIÓN ___:___

EXAMEN 5

COMPRENSIÓN DE LECTURA Y USO DE LA LENGUA — TAREA 5

HORA DE INICIO ___:___

Instrucciones

Lea el texto y rellene los huecos (27-40) con la opción correcta (A, B o C).

Marque las opciones elegidas en la **Hoja de respuestas**.

TEXTO

No estaba seguro de que la muerte de un poeta turco lejos de su país fuese un buen comienzo para contar la historia que me **27** _____ propuesto escribir. Mientras el avión despegaba del aeropuerto de El Altet, yo pensaba en ese inicio de novela que no terminaba **28** _____ gustarme. Además, la sospecha de que hubiese algo turbio detrás de su muerte le daba al relato un tinte policíaco que no me convencía. Pretendía huir del efectismo literario, pero las cosas habían sucedido así y no me resultaba fácil contarlas de otra manera.

El avión aterrizó en el aeropuerto de Munich a primera hora de la tarde. Volvía a la ciudad después de veinticinco años. Demasiado tiempo para enfrentarme de pronto **29** _____ todos los recuerdos. Desde el momento en que decidí aceptar aquel viaje, sabía que el pasado me iba a doler. El traqueteo del avión al perder velocidad sobre la pista me empezó a **30** _____ sueño. Cerré los ojos y dormí unos segundos. Me **31** _____ la voz del capitán dando la orden para abrir la puerta de la cabina.

El taxi atravesó una ciudad tranquila y apagada en una tarde de domingo, mientras yo me **32** _____ en el asiento y sujetaba mi mochila como si tuviese miedo de que **33** _____ el proyecto literario que guardaba allí. Me había costado mucho esfuerzo trabajar con el diario de Emin Kemal, y cuando lo hice me sentí como un intruso que se metía en un mundo **34** _____ no le pertenecía, en un cuarto oscuro al que llegaban de vez en cuando, a través de grietas **35** _____, haces de luz que irrumpían obscenamente.

El hotel era pequeño y tranquilo, precisamente **36** _____ yo necesitaba. La calle no era desconocida para mí. Todo el barrio había sido como mi casa en otro tiempo. Ahora volvía a ver los edificios, los cafés, los anuncios de los comercios y me sentía como un extraño en un lugar donde en realidad nunca **37** _____ de serlo. Pero el cansancio pudo más que los sentimientos y enseguida me resigné a la comodidad de la habitación y de la cama que me estaba esperando. Me dolía el cuerpo y tenía escalofríos. Me encerré en la habitación y desplegué mis escasas **38** _____ por la mesa y los armarios, tratando de **39** _____ el terrible vacío de un lugar que me resultaba ajeno. Cuando abrí el diario de Emin Kemal, aún no me había dado **40** _____ de que tenía fiebre. Era la cuarta vez que comenzaba a leerlo sin conocer bien la verdadera dimensión de lo que tenía entre las manos.

Adaptado de Luis Leante. *La Luna Roja*. Alfaguara.

EXAMEN 5

OPCIONES

27.	a) ha	b) había	c) haya
28.	a) por	b) a	c) de
29.	a) de	b) a	c) contra
30.	a) provocar	b) generar	c) suscitar
31.	a) despertaba	b) despierta	c) despertó
32.	a) caía	b) hundía	c) descansaba
33.	a) desapareciera	b) desaparezca	c) desaparecerá
34.	a) cuyo	b) al que	c) que
35.	a) indestructibles	b) indescriptibles	c) imperceptibles
36.	a) del que	b) al que	c) lo que
37.	a) dejé	b) abandoné	c) quité
38.	a) posesiones	b) potencias	c) pertenencias
39.	a) luchar	b) combatir	c) pelear
40.	a) cuenta	b) tiempo	c) miedo

 HORA DE FINALIZACIÓN ____:____

EXAMEN 5

COMPRENSIÓN AUDITIVA Y USO DE LA LENGUA

TAREA 1 Pista 29

Instrucciones

Usted va a escuchar una conferencia en la que se tomaron las siguientes anotaciones. Luego deberá elegir para cada anotación (1-6) la palabra o fragmento de frase correspondiente entre las doce opciones que aparecen debajo (A-L). Escuchará la audición dos veces.

Marque las opciones seleccionadas en la **Hoja de respuestas**.

Ahora dispone de 1 minuto para leer las anotaciones:

1. El cerebro de un niño experimenta grandes cambios en su _____ gracias a la adquisición del lenguaje.

2. Gracias a la educación no vivimos en una _____ de primitivismo salvaje anterior a nuestros aprendizajes culturales.

3. Mediante la cultura somos capaces de dominar nuestra _____ y tomar decisiones.

4. Cuando un niño no es educado por seres humanos, su _____ de comportamiento se parece más a la de los animales que a la humana.

5. Educar es algo más que enseñar, por eso la enseñanza nos constituye como _____.

6. El problema que nos plantea la _____ es que los profesores deben saber motivar a los estudiantes para que se esfuercen.

OPCIONES

A. función
B. pedagogía
C. conducta
D. costumbre
E. situación
F. personalidad
G. motivación
H. especie
I. tarea
J. estructura
K. humanidad
L. pauta

EXAMEN 5

COMPRENSIÓN AUDITIVA Y USO DE LA LENGUA

TAREA 2 Pista 30

Instrucciones

Usted va a escuchar cuatro conversaciones. Escuchará cada conversación dos veces. Después debe contestar a las preguntas (7-14). Seleccione la opción correcta (A, B o C).

Marque las opciones elegidas en la **Hoja de respuestas**.

PREGUNTAS

Conversación 1

7. El paciente que va a la consulta…
   a) sufre problemas cardíacos.
   b) está bastante preocupado.
   c) no ve correctamente.

8. La doctora le ha aconsejado…
   a) comer con moderación.
   b) no enfadarse mucho.
   c) dormir lo necesario.

Conversación 2

9. El hijo de María, según su madre…
   a) ha cambiado de actitud.
   b) no hace absolutamente nada.
   c) se ha vuelto muy agresivo.

10. Esta semana, a la hija de Pepe, su empresa…
    a) la ha enviado a otra tienda.
    b) la ha cambiado de puesto.
    c) la ha vuelto a contratar.

Conversación 3

11. Cuando Julia y su marido fueron a esquiar…
    a) hizo buena temperatura.
    b) faltó visibilidad en las pistas.
    c) hizo un tiempo horrible.

EXAMEN 5

12. Samuel, al hablar de su viaje del viernes, opina que Julia…
    a) siempre está pensando mal.
    b) le está quitando la ilusión.
    c) habla sin tener experiencia.

Conversación 4

13. Cuando Javier afirma que muchas exposiciones no tienen calidad, la mujer…
    a) se muestra totalmente de acuerdo.
    b) le pide que argumente sus razones.
    c) cree que es una opinión arbitraria.

14. Durante la conversación, Javier…
    a) lamenta que la mujer haya tardado tanto en leer el libro.
    b) propone que se realicen dos actividades en un solo viaje.
    c) le reprocha a la mujer que le haya encargado llamar a sus primos.

EXAMEN 5

COMPRENSIÓN AUDITIVA Y USO DE LA LENGUA

TAREA 3 Pista 31

Instrucciones

Usted va a escuchar una entrevista con el triple campeón del mundo de boxeo Sergio Martínez. Después debe contestar a las preguntas (15-20). Seleccione la opción correcta (A, B o C). Escuchará la entrevista dos veces.

Marque las opciones elegidas en la **Hoja de respuestas**.

PREGUNTAS

15. En opinión del entrevistado…
    a) la crisis bursátil ha hecho que bajen los sueldos.
    b) el boxeo no goza del mismo prestigio que antes.
    c) su situación económica debería ser mucho mejor.

16. Cuando Sergio Martínez trabajó como bailarín…
    a) no tenía ningún otro trabajo.
    b) no estaba en buena forma física.
    c) sabía bailar bastante bien.

17. Cuando el periodista le pregunta por su apellido, el boxeador…
    a) le confirma que sus abuelos maternos eran españoles.
    b) le indica que desconoce quienes eran sus ancestros.
    c) le informa que sus orígenes españoles no son remotos.

18. La llegada a España de Sergio Martínez…
    a) estuvo motivada porque solo tenía dinero para ese viaje.
    b) la hizo con su novia de entonces, que ahora es su mujer.
    c) coincidió con una gran crisis institucional en Argentina.

19. En su etapa como inmigrante en España, Sergio Martínez comprendía que…
    a) al ser ilegal iba a cobrar menos que los demás.
    b) iba a ser muy difícil encontrar un piso barato.
    c) el precio de las cosas sería mucho mayor.

20. El problema de Sergio Martínez cuando vivió en España en 2002 era que…
    a) con lo que cobraba no llegaba a fin de mes.
    b) no se conformaba con la vida que llevaba.
    c) tenía que pedir comida periódicamente.

EXAMEN 5

COMPRENSIÓN AUDITIVA Y USO DE LA LENGUA

TAREA 4 Pista 32

Instrucciones

Usted va a escuchar diez breves diálogos. Escuchará cada diálogo dos veces. Después debe contestar a las preguntas (21-30). Seleccione la opción correcta (A, B o C).

Marque las opciones elegidas en la **Hoja de respuestas**.

PREGUNTAS

Diálogo 1

21. Al hablar de Alberto, Inés le responde a Pepa…
    a) que no lo conoce demasiado.
    b) que no quiere presentárselo.
    c) que no sabe nada de su vida.

Diálogo 2

22. Al recibir esta información, Olga…
    a) no se puede creer que sea cierta.
    b) reconoce que se ha equivocado.
    c) quiere conocer los nuevos horarios.

Diálogo 3

23. Esther le pregunta a Pachi…
    a) para reconocer su lugar de nacimiento.
    b) para confirmar su lugar de nacimiento.
    c) porque ignora su lugar de nacimiento.

Diálogo 4

24. A Elisa, ese producto que ha visto…
    a) no le ha gustado mucho.
    b) no le ha desagradado.
    c) su color no la convence.

Diálogo 5

25. Según este diálogo, Julián…
    a) todavía está hospitalizado.
    b) tiene demasiado miedo.
    c) investiga sobre animales.

EXAMEN 5

Diálogo 6

26. El señor que va al hospital…
    a) no sabe dónde está la parada que busca.
    b) quiere saber si por ahí pasa el autobús.
    c) pregunta si el autobús ya ha pasado.

Diálogo 7

27. Carmen quiere saber…
    a) el motivo de la visita que Juan le hace.
    b) a qué hora va a terminar Juan su trabajo.
    c) si Juan está buscando cualquier objeto.

Diálogo 8

28. El descenso de ventas ha sido…
    a) previsible.
    b) tranquilo.
    c) repentino.

Diálogo 9

29. La temperatura estos días es…
    a) de calor agobiante.
    b) de frío húmedo.
    c) de calor moderado.

Diálogo 10

30. El chico dice que…
    a) no ha comprado la entrada.
    b) ha dejado de ser socio.
    c) ya no practica deporte.

EXAMEN 5

COMPRENSIÓN AUDITIVA Y EXPRESIÓN E INTERACCIÓN ESCRITAS

TAREA 1 Pista 33

HORA DE INICIO ___:___

Instrucciones

A continuación escuchará la primera parte de una conferencia en la que se exponen algunas recomendaciones sobre la gestión del talento. La escuchará dos veces. Durante la audición podrá tomar notas.

Después, redactará una argumentación en la que deberá recoger los puntos principales de ambas posturas y expresar de forma justificada su punto de vista.

Número de palabras: entre 220 y 250 palabras.

HORA DE FINALIZACIÓN ___:___

EXAMEN 5

COMPRENSIÓN AUDITIVA Y EXPRESIÓN E INTERACCIÓN ESCRITAS

TAREA 2

HORA DE INICIO ___:___

Instrucciones

Elija solo una de las dos opciones que se le ofrecen a continuación.

Número de palabras: entre 180 y 220 palabras.

OPCIÓN 1

Usted desea hacer un viaje a otra ciudad para asistir a una entrevista de trabajo, pero no tiene dinero para comprar el billete de avión ni para pagar el hotel y otros gastos. Usted ha decidido pedirle a un amigo un préstamo de la cantidad necesaria para realizar ese viaje. Escriba un correo electrónico a su amigo en el que:

- le cuente que ha sido citado para una entrevista de trabajo;
- le explique la situación económica en la que se encuentra y la necesidad que tiene de un préstamo;
- le ofrezca garantías para devolverle el dinero;
- le solicite una respuesta rápida.

estar a dos velas

EXAMEN 5

OPCIÓN 2

Usted dirige el Departamento de Promoción Internacional de una empresa de juguetes. Escriba el informe anual de expansión de la empresa a partir de los datos que se le facilitan en los siguientes gráficos. En dicho informe deberá:

– hablar de la producción de juguetes y de sus ventas porcentuales;
– explicar la evolución de las ventas por países en los diferentes trimestres del año;
– hacer una propuesta de acción para el aumento de ventas y la diversificación de productos de cara a la próxima temporada.

Si lo desea, puede basarse en los siguientes gráficos para su informe.

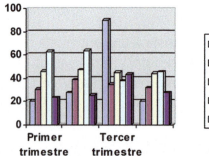

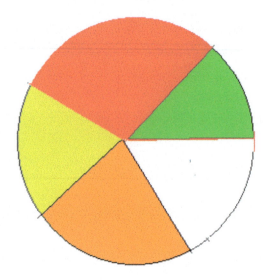

☒ Patitos de goma

☒ Rompecabezas

☒ Pelotas de plástico

☒ Camiones

☒ Muñecas

 HORA DE FINALIZACIÓN ___:___

EXAMEN 5

COMPRENSIÓN DE LECTURA Y EXPRESIÓN E INTERACCIÓN ORALES

TAREA 1

Instrucciones

Usted debe realizar una presentación oral sobre el texto adjunto. Su exposición debe incluir los siguientes puntos:

- tema central;
- ideas principales y secundarias;
- comentario sobre las ideas principales;
- intención del autor, si procede.

Dispone de entre **3 y 5 minutos**. Puede consultar sus notas, pero la presentación no puede limitarse a una lectura de las mismas.

TEXTO

Fatiga, apatía, somnolencia y trastornos emocionales, entre otros, son las típicas patologías que se presentan en las personas, producto del cambio horario dos veces al año. Para evitar esto, la Directora de Psicología de la Universidad Bernardo O'Higgins ofrece algunos consejos que ayudarán a evitar sentirse con sueño. El próximo domingo, los chilenos deberán adelantar en una hora sus relojes para dar inicio, oficialmente, al "Horario de Verano". Esta medida significa que ese día se dormirá una hora menos, lo que para algunos resulta negativo, sobre todo para quienes padecen de sueño.

Ante esto, la Directora de la Escuela de Psicología de la Universidad Bernardo O'Higgins, Claudia Morales, ha preparado algunas recomendaciones para evitar este tipo de inconvenientes que se presentan ante este cambio de horario, el que en ciertos casos disminuye la productividad tanto en el trabajo como en los estudios.

"El dormir una hora menos puede provocar fatiga, apatía, somnolencia e incluso trastornos emocionales. Esto, porque se produce una desadaptación en las personas, lo que conlleva a un cambio en la rutina, ya que el día sigue teniendo 24 horas, pero algunos sienten que el día es más corto", explica Claudia Morales. Para evitar las distintas patologías mencionadas, la psicóloga de la Universidad Bernardo O'Higgins recomienda hacer un plan de adaptación ante el nuevo horario. "Las dos primeras semanas, tras el cambio de hora, son netamente de adaptación, donde lo aconsejable es mantenerse lo más relajado posible, tener espacios para el descanso y la recreación y, sobre todas las cosas, es primordial dormir las horas necesarias, aunque signifique que los primeros días deban acostarse más temprano, elimine todos los ruidos y beneficie la oscuridad durante el sueño". La especialista agrega que "realizar un plan de adaptación los días previos al cambio de hora, en realidad no sirve mucho, porque no se logra vivir la realidad de lo que significa el adaptarse los primeros días, que son los que hay que lidiar con la falta de sueño que sienten algunas personas".

EXAMEN 5

Según Claudia Morales, el cambio de hora influye en menor grado en los niños, quienes tienen un período de adaptación entre dos días y una semana como máximo. No obstante, los más perjudicados con esta situación son los adultos mayores, debido a que tienden a dormirse y despertarse más temprano.

"Los niños, por lo general y en todo orden de cosas, se adaptan más rápido, por lo que este cambio de hora no será un tema relevante para ellos. Esto se debe a que como están en un período de crecimiento logran adecuarse de mejor manera a las situaciones que ocurren en su entorno. Por otra parte, a las personas de la tercera edad sí les es significativa esta medida, porque les cuesta mucho más acostumbrarse a nuevos escenarios, por lo que tendrán dos semanas de adaptación ante el horario de verano". En ese sentido, la psicóloga recomienda que los adultos mayores traten, en lo posible, de dormir todos los días una siesta de 40 minutos. "Con esta simple medida podrán ir poco a poco adecuando su hora establecida para acostarse y no hacerlo con la luz del día, lo que les ayudará a que el organismo se vaya acostumbrando a una nueva rutina. También es bueno que aprovechen que el día es más largo para poder disfrutar realizando actividades afuera de la casa", expresa la especialista.

Pero este cambio de horario no solo tiene efectos negativos, ya que el día al ser más largo ayuda a que las personas se sientan con bastante ánimo y tengan más tiempo para disfrutar al aire libre. "Este cambio de horario es positivo en relación a que se producen cambios hormonales importantes. Esto se debe a que hay más luz, lo que influye en la serotonina, que son neurotransmisores que se encuentran en varias regiones del sistema nervioso central y que tienen mucho que ver con el estado de ánimo, lo que ayuda a que la gente esté más alegre y tenga más espacios para la recreación", expresa Morales. La Directora de la Escuela de Psicología de la Universidad Bernardo O'Higgins recalca que el plazo máximo de adaptación, luego que se produzca el cambio de horario, son dos semanas. "Durante las dos primeras semanas es normal sentirse cansado, pero en caso de que se prolongue el tiempo es aconsejable visitar a un especialista, ya que podría ser otra patología como estrés o depresión".

Adaptado de "Brindan datos para combatir los efectos del cambio de horario". Universia.

EXAMEN 5

COMPRENSIÓN DE LECTURA Y EXPRESIÓN E INTERACCIÓN ORALES

TAREA 2 Pista 34

Instrucciones

Usted debe mantener una conversación con el entrevistador sobre el tema del texto de la Tarea 1. En la conversación, usted deberá:

- dar su opinión personal sobre el tema;
- justificar su opinión con argumentos;
- rebatir, si procede, las opiniones que exprese su interlocutor.

La conversación durará entre **4 y 6 minutos**.

Escuche ahora las preguntas del entrevistador en la **pista 34**. Detenga el reproductor para contestar después de cada pregunta.

EXAMEN 5

COMPRENSIÓN DE LECTURA Y EXPRESIÓN E INTERACCIÓN ORALES

TAREA 3 Pista 35

Instrucciones

En la compañía de moda masculina para ejecutivos y gente famosa AL DESNUDO se han reunido los directivos para elegir el diseño y las líneas de sus trajes para la nueva temporada, que van a inaugurar en el próximo desfile HUYELES.

Para elegir los modelos que van a presentar, los diseñadores van a tener en cuenta los siguientes criterios:

— que se adapte a los gustos y a la utilidad de este tipo de público;
— que sea cómodo y atractivo;
— la originalidad y la tendencia novedosa;
— su estética, el colorido y la calidad de los materiales.

Aquí tiene los cuatro diseños seleccionados:

EXAMEN 5

COMPRENSIÓN DE LECTURA Y EXPRESIÓN E INTERACCIÓN ORALES

Teniendo en cuenta los criterios de la compañía y el público al que se dirige, ¿cuál debería ser, en su opinión, el tipo de ropa que debe presentarse? Discuta su elección con el entrevistador hasta que ambos lleguen a un acuerdo.

Recuerde que se trata de una conversación abierta y que por tanto puede interrumpir a su interlocutor, discrepar, pedir y dar aclaraciones, argumentar sus opiniones, rebatir las del entrevistador, etc.

La duración de la conversación será de entre **4 y 6 minutos**.

Escuche las preguntas del entrevistador en la **pista 35**. Detenga el reproductor para contestar después de cada intervención.

TRANSCRIPCIONES DE LOS AUDIOS

EXAMEN 1

COMPRENSIÓN AUDITIVA Y USO DE LA LENGUA

TAREA 1 - Pista 1

Buenas tardes, hace exactamente tres días se ha cumplido el bicentenario de la muerte de Gaspar Melchor de Jovellanos. Efectivamente, Jovellanos murió el 28 de noviembre de 1811, a los 67 años. Jovellanos -todos ustedes lo saben- ha sido una personalidad transcendente, extraordinaria en la historia de España, un hombre con enorme variedad de perfiles. Un primer perfil que yo citaría aquí es su condición, el arquetipo de ilustrado, más intelectual que político propiamente dicho, reformista, gradualista, reformista en todos los frentes imaginables, la Inquisición, la estructura agraria, el sistema universitario, hasta la metodología histórica, un hombre que vive la transición, difícil transición, de la, del Despotismo Ilustrado a la Revolución Liberal con una obra impresionante, no tengo otro adjetivo que destacarlo. Obra que, de la que, se cita simplemente se convierte en un tópico, el Informe de la Ley Agraria, pero que no hay más que ver la edición de las Obras Escogidas que inició en el año 55 Ángel del Río, o las obras completas que editó José Manuel Caso a partir de 1984. Insisto, un ilustrado arquetípico, por una parte sería el primer perfil; el segundo perfil que yo querría destacar aquí es el perfil del Jovellanos patriota: no olviden el título de un famoso, de una famosa obra del llorado don Manuel Fernández Álvarez, que lo titulaba así, el patriota, Jovellanos el patriota. Como saben, ministro de Gracia y Justicia en 1797 y que le tocó vivir pues su peripecia con el godoyismo, con don Manuel Godoy, pero la peripecia más dura fue pues su encarcelamiento de 1801 a 1808 y, sobre todo, y ahí es donde está su seña de identidad patriota por excelencia, el hombre que tiene que escoger después de salir de la cárcel, cuando tenía 64 años, entre la opción patriotismo o la opción afrancesamiento, la opción ideología o la opción identidad nacional y él escogió, como saben ustedes perfectamente, la identidad nacional. "Yo no sigo un partido, sigo la santa y justa causa que sostiene mi patria", esa frase de Jovellanos.

Y la tercera, el tercer perfil de Jovellanos es el perfil del perdedor, y entonces es el perfil que a mí confieso, que soy un tipo más bien sentimentaloide y tendente al ternurismo, pues es la variable, el perfil de su carácter que siempre me ha fascinado. El hombre utilizado por todos. Gaspar Gómez de la Serna habló del español perdido, yo creo que es el español perdedor, que, lo cual nos lleva permanentemente cuando analizamos su figura, nos lleva a esa tendencia, por otra parte muy nuestra, muy española, muy hispánica, la tendencia a la nostalgia de la España que no pudo ser. Jovellanos nos ha permitido permanentemente evocar el sueño de la España que no pudo ser, el sueño de la España alternativa, de cómo nos hubiera ido si el proyecto político de Jovellanos hubiera sido el que se hubiera institucionalizado.

EXAMEN 1

Estos son perfiles de Jovellanos que todos ustedes conocen, y en cualquier caso un hombre contradictorio porque al lado efectivamente de las glosas que su figura ha suscitado, pues ha suscitado también críticas desde el terrible, nunca mejor dicho, Blanco White, que en fin, que se..., aludió pues a su preocupación excesiva por las formas, a la vanidad de Jovellanos, o Ignacio Elizalde, mucho más recientemente, que habló del hombre, lo despachó llamándole el acomodaticio, el acomodaticio Jovellanos.

Un hombre, en definitiva, como ven, perfiles múltiples, hombre contradictorio, hombre en cualquier caso apasionante, de biografía apasionante. Y lamentablemente he de decir, he de poner aquí sobre la mesa que la memoria, nosotros, los españoles que somos tan dados al síndrome de efemérides, a la conmemoración, que tantas veces está en nuestra boca la palabra memoria histórica, pues la verdad es que no hemos sido especialmente o particularmente justos, desde mi punto de vista personal, con la memoria de Jovellanos, en este momento concreto, en el que estamos recordando el bicentenario de su muerte.

COMPRENSIÓN AUDITIVA Y USO DE LA LENGUA

TAREA 2 - Pista 2

Conversación 1

Mujer: Fernando, te he llamado porque necesito que me hagas un favor.
Hombre: Tú dirás.
Mujer: Pues el caso es que hace un mes le encargué un artículo para la revista a uno de los redactores y ha pasado el tiempo y todavía no lo ha entregado.
Hombre: Bueno, tendrá mucho trabajo y lo habrá dejado para el final.
Mujer: Ya, eso pensé yo al principio, pero cuando fui a pedírselo me dijo que hacía semanas me lo había entregado y que el archivo lo había borrado de su ordenador.
Hombre: Pero eso de eliminar un artículo que aún no se ha publicado no tiene ni pies ni cabeza. ¿Estás segura de que no te lo ha entregado? A lo mejor lo has traspapelado.
Mujer: No, no, ¡claro que estoy segura!, porque ya sabes como soy, y no dejo de organizar y ordenar todos los papeles que me entregan.
Hombre: Pero habrá alguna manera de encontrar el artículo o de demostrar que te está mintiendo.
Mujer: Eso ahora ya me importa menos; lo que me preocupa es que la semana que viene tengo que entregar en la imprenta los artículos y quiero que se trate ese tema, porque es algo que demandan nuestros lectores.
Hombre: Entonces hay que darse mucha prisa para que alguien lo haga en tan poco tiempo.
Mujer: Por eso he pensado en ti, para que se lo encargues a alguno de tus amigos, pero de forma urgente.
Hombre: Cuenta conmigo. Te llamo en cuanto sepa algo.
Mujer: Eso espero. ¡Ah! Y no olvides que el jueves, después de la reunión tenemos que decidir los temas de portada y el monográfico del próximo mes.
Hombre: No te preocupes, que lo tengo apuntado en la agenda. Por cierto, ¿dónde será la reunión?
Mujer: En mi despacho, como siempre, y procura no llegar muy tarde.

EXAMEN 1

Conversación 2

Hombre: ¿Qué tal, Carolina? ¡Cuánto tiempo sin verte!
Mujer: Ya ves, Álvaro, que hoy me tocaba hacer la compra y he venido a reponer lo que faltaba, porque la otra noche celebramos en mi casa la cena de Nochebuena y vino toda mi familia.
Hombre: ¡Qué bien!, ¿no? ¿Cuántas personas estuvisteis?
Mujer: Pues como vino mi hermana, la que vive en Madrid, con su marido y sus tres hijos, más los novios de mis dos hijas y mis padres, con una tía que se ha quedado viuda, al final éramos dieciocho; no sé cómo cupimos todos.
Hombre: ¿Y qué tal lo pasasteis?, ¿qué hicisteis?
Mujer: Nada del otro mundo, estuvimos cantando villancicos después de la cena, y a las doce los chicos se fueron de fiesta y los demás nos acostamos.
Hombre: Es que a nuestra edad ya no estamos para muchas fiestas.
Mujer: Y tú, ¿qué tal?, ¿vino tu familia o fuiste tú a verlos?
Hombre: Ni una cosa ni la otra, me quedé en casa solo, porque tenía mucho trabajo atrasado y no disponía de mucho dinero para salir de viaje.
Mujer: Pues podías habernos llamado, porque donde comen dos comen tres, y al menos no hubieras estado solo.
Hombre: La verdad es que estuve por llamaros, pero he perdido la agenda y he cambiado de teléfono.
Mujer: Apunta mi teléfono y nos llamas cuando quieras, así te pasas por casa y charlamos un rato.
Hombre: Por mí, encantado, aunque hasta el mes que viene no va a poder ser, porque como te digo estoy a tope de trabajo y tengo que entregar unos informes y terminar unos proyectos antes de que acabe el mes.
Mujer: Cuando tú quieras, no hay problema, y si no llamas, ya te llamaré yo para recordártelo.

Conversación 3

Hombre: Pues sí, Clara, no como te lo digo, estábamos en el ascensor y se fue la luz, así que nos quedamos atrapados dentro.
Mujer: Pues a mí me pasa eso, y allí mismo me da un ataque al corazón y me muero, pero ¿tú qué hiciste?
Hombre: Lo primero que hice fue intentar llamar por teléfono, pero no tenía señal telefónica ni cobertura de red.
Mujer: ¿Y estabas muy nervioso?
Hombre: Al principio, no, porque pensé que sería cuestión de unos minutos, pero cuando pasó media hora, entonces me puse a pensar en lo peor, porque no sabía si tendría oxígeno suficiente en la cabina.
Mujer: Me pongo en tu lugar.
Hombre: Y menos mal que al cabo de un rato volvió la corriente eléctrica y pude salir sin problemas, pero desde entonces me aseguro de que hay alguien en el edificio que pueda oír la alarma y ayudar.
Mujer: Pues yo nunca había pensado en eso, y mira que sufro de claustrofobia y le tengo pánico a los ascensores.
Hombre: No me digas, ¿y has ido al médico?
Mujer: Bueno, es un poco extraño, porque hace unos años empecé a tratarme la enfermedad, fui al médico y me recetaron unos medicamentos que acababan de salir al mercado.
Hombre: ¡Qué suerte!, ¿no?
Mujer: En principio, sí, porque era un tratamiento pionero y las primeras semanas no sentía miedo a quedarme encerrada, pero hubo un momento en que los síntomas se agudizaron y abandoné el tratamiento.
Hombre: ¿Y los médicos estuvieron de acuerdo?
Mujer: Por supuesto, fueron ellos los que me dijeron que podía dejar de medicarme.

EXAMEN 1

Conversación 4

Hombre: Julia, ¿quieres que vayamos esta tarde a la exhibición que hacen en el polideportivo municipal?
Mujer: Sí, claro, todos los años me apetece ir, pero siempre pasa algo y al final me quedo sin verlo.
Hombre: Pues la verdad es que merece la pena, porque se ven cosas muy divertidas y originales, deportes poco conocidos y estás allí cuatro horas sin que se te haga largo.
Mujer: Entonces no me lo pierdo, y además voy a llevar a mi sobrino, que nunca sale de casa, se pasa todo el día viendo la televisión. ¿Te importa que lo lleve, Salva?
Hombre: Claro que no me importa; seguro que a él también le va a gustar, porque lo hacen pensando sobre todo en las familias con niños y todos los años se abarrota.
Mujer: Entonces convendrá comprar pronto las entradas y estar allí con mucha antelación, ¿no?
Hombre: Yo creo que con estar veinte minutos antes es suficiente; de hecho, yo todos los años llego diez minutos antes y no tengo problemas.
Mujer: Pues entonces quedamos en la puerta del polideportivo a las tres y media, ¿vale?
Hombre: Vale, pero si quieres, puedo pasar por tu casa y recogeros a tu sobrino y a ti, porque voy a ir con el coche.
Mujer: ¿En serio que vas con el coche? Pero si está muy cerca, creo que no merece la pena. Yo iría a pie.
Hombre: Pero es que cuando salgamos yo quiero ir a cenar con mis amigos y he quedado en la otra parte de la ciudad. Si no voy en coche, llegaré tarde seguro. ¿Por qué no vienes conmigo y así los conoces?
Mujer: Tengo un dilema, porque esta noche precisamente quería ir al cine con unas amigas que me habían invitado.
Hombre: Pero con mis amigos seguro que lo vas a pasar mejor, porque son muy divertidos.
Mujer: Pero no los conozco, ¿no crees que van a extrañarse de verme ir a cenar contigo?
Hombre: Para nada; son muy abiertos, ya verás.
Mujer: Bueno, voy a llamar a mis amigas para saber si quedo con ellas otro día y esta tarde te lo digo.

COMPRENSIÓN AUDITIVA Y USO DE LA LENGUA

TAREA 3 - Pista 3

Periodista: Hablamos con Albert Wintehalder; Ander, Albert, buenas tardes.
Entrevistado: Hola, buenas tardes. ¿Qué tal?
Periodista: Yo les aseguro que si ustedes le dicen a él cómo hay que ir o por dónde se puede guiar o dónde están los mejores sitios para recorrer Barcelona, Albert puede, puede ayudar, ¿no?
Entrevistado: Sí, un poquitín sí. Yo soy el fotógrafo, la persona que ha hecho las fotografías del libro que ahora supongo que vas a presentar tú.
Periodista: Venga, pues voy con ello. Se llama "Quinientos rincones desconocidos de Barcelona". Es una guía para visitar esa ciudad, que poco tiene que ver con las otras. Eh, esto, si, si, si vendéis estos quinientos, ¿encontraremos otros quinientos o ya no da pa(ra) más?
Entrevistado: Hombre, supongo que siempre Barcelona da para mucho más, pero, bueno, con estos quinientos, para los visitantes, para las gentes de inclu… de Barcelona o que lleguen de visita de otros lugares de España, pues con estos quinientos tienen suficiente para para pasar un buen rato, unos días agradables en Barcelona descubriendo pues mil anécdotas sobre su historia, su pasado, su presente incluso su futuro.

EXAMEN 1

Periodista: Y, Albert, ¿no da un poco de pena el decir: "Jo, es que yo voy a sacar una foto a esto, a partir de ahora lo va a ver todo el mundo y y ahora va a venir todo el…, se va a llenar de personas, ya no va a ser ese rincón íntimo que yo conocía de Barcelona".

Entrevistado: No, lo importante es que la gente venga y dis… igual… disfrute igual que nosotros hemos hecho. Es decir, nosotros hemos disfrutado escribiendo el libro, tanto Roger que en estos momentos quizás debe estar perdido por algún rincón de Barcelona, como yo que pasé el mes de agosto pasado pues haciendo fotografías de arriba abajo de la ciudad, ¿no?

Periodista: Sucede, Albert, que además uno dice, hombre, si vas a París, si vas a París hay un restaurante que yo conozco en el Barrio Latino que no te tienes que perder, y bueno y si luego giras a la derecha, ahí hay, detrás, detrás de un bar, hay una cantinita; pero luego, cuando hablamos de nuestra propia ciudad muchas veces aparte de las ubicaciones vinculadas con… con la gastronomía, no sabemos bien qué es lo que tenemos, de qué siglo es la iglesia a la que va nuestra abuela, cuál es el cuadro que hay en el museo que está cerca…

Entrevistado: Sí, pues bien, esta guía es un poco… va desde la época de los romanos hasta, hasta la actualidad. Empieza por los romanos, pasa por la época de los templarios, ilustra sobre la época de las brujas, sobre los alquimistas que vivían en el barrio viejo de la ciudad, donde eran ahorcadas las brujas, sobre la Barcelona anarquista del Paralelo, la Barcelona de leyenda, la Barcelona cinematográfica donde rueda Almodóvar, donde rueda Woody Allen, es decir, pasamos a través de cien fotografías, veintidós mapas y casi cien páginas, pues, nos paseamos por la Barcelona, la Barcelona de siempre, la Barcelona pues, la Barcelona que… que, que ama todo el mundo y que cuando viene a Barcelona pues quiere descubrir y esta es una guía pues que humildemente intenta pues hacer de una manera amena y con anécdotas ilustrar un buen recorrido para los… aquellos que nos vengan a visitar, ¿no?

Periodista: Es cierto que nosotros podemos establecer distintas coordenadas a partir de los gustos que nosotros tengamos, ya no son solo las guías aquellos libros en los cuales se produce una información pesada, sólida sobre los cuatro lugares imprescindibles donde estás codeándote con todos los turistas japoneses y de repente uno puede marcar unas directrices a partir de decir "bueno, pues yo quiero ver la parte del cine, yo quiero ver la parte incluso deportiva". ¿Cuál es tu parte favorita?

Entrevistado: Mi parte favorita quizá… Bueno, yo tengo varias partes fa… quizá una de las partes favoritas para mí es la Barcelona de la guerra civil, donde por ejemplo Georges Orwell se defendió a tiros en las Ramblas, ¿no?, desde qué hotel pues se, se, se… tiraba las balas contra sus oponentes del PSUC y tal, o también la Barcelona cinematográfica, ¿no?, además yo durante el reportaje fotográfico para ilustrar el libro coincidí con la película de Woody Allen ¿no?, y un poco pues iba, iba… me lo iba encontrando en diferentes sitios, en el Parque Güell y en las Ramblas, ¿no?, y quizá el cine, la Barcelona de las brujas, incluso la Barcelona de las masías, las viejas masías que aún quedan por la ciudad también es un capítulo que me ha gustado mucho fotografiar, ¿no?

Periodista: Hace no mucho tiempo leí un artículo de Quico Alsedo, él comentaba que se ha perdido esa Barcelona, digamos, más… más para los barceloneses, en los cuales en la Rambla en verano cuando hacía mucho calor no había nadie, en los cuales… los bares, digamos, de toda la vida eran solo para ese tipo de personas y que se ha llenado de japoneses y de… y de tiendas y grandes almacenes que los hay lo mismo en Barcelona, en Madrid, en Pekín o en Londres.

Entrevistado: Sí, esto es lo que pasó un poco con todas las ciudades; lo que pasa es que Barcelona, lo que pasa es que Barcelona es una ciudad afortunadamente aún pequeña, ah, con unas calles muy estrechas, en el centro de la ciudad, y entonces, claro, vienen turistas y no es como París o Berlín, que es una ciudad muy extensa y los visitantes quedan más repartidos. En Barcelona todo el mundo se concentra en el centro, que es lo que gusta más a la gente, entonces, claro, pasa lo que pasa, que todo el mundo está allí y a veces los barceloneses pues se tienen que dar codazos para sentarse en alguna terraza quizá de las Ramblas, ¿no?, pero nada más.

EXAMEN 1

Periodista: Y, Albert, ¿hay alguna manera por lo…, para que yo pueda disfrutar de esos lugares tan típicos, tan de toda la vida, por ejemplo las Ramblas, de una manera distinta?, para que yo diga: "Bueno, vale, ya estoy aquí en las Ramblas, vale, pues me doy un paseo, me subo abajo, vale, llego a la playa", pero igual tienes entonces ese sentimiento digamos de… de turista japonés, tengo la foto, me saco una aquí con las quiosqueras, con la que vende los pájaros, ¿hay alguna manera de poder salirse de esos, de esos… de esos digamos lugares preestablecidos ya?

Entrevistado: Hombre, más o menos, todos estos lugares son conocidos, pero bueno puedes ir por la Rambla, puedes entrar en el Café de la Ópera, tomarte un refresco, salir al cabo de un rato, y entrar a la Plaza Real y perderte por las callejuelas de, de… que están en torno a esta plaza, ¿no?, y quizás estas… y puedes entrar a un sitio muy agradable, son los pórticos que hay en el mercado de la Boquería y llegar hasta la plaza de san Elric, que es una plaza donde ponen…, donde las payesas, los granjeros de cerca de Barcelona pues venden sus frutas y sus verduras y es un lugar que quizá es poco conocida [sic], hay un bar, y es quizás un lugar, por ejemplo, cerca de Las Ramblas, donde puedes estar la mar de tranquilo, ¿no?

Periodista: No, mira, ahí de repente hemos encontrado una nueva ruta a partir de esta guía de Barcelona, "Quinientos rincones desconocidos" que, claro, a partir de ahora, Albert, como decíamos, van a ser, van a ser conocidos, pero también de repente me ayuda a mí, que yo no lo conocía, a descubrir una ciudad.

COMPRENSIÓN AUDITIVA Y USO DE LA LENGUA

TAREA 4 - Pista 4

Diálogo 1

Mujer: Hola, Sergio, ¿quieres venir el jueves a jugar al tenis?
Hombre: Hombre, en el tenis no hay quien me gane. ¿Tienes ya la pista reservada?

Diálogo 2

Mujer: Juan ha aceptado por fin entrenar al equipo de balonmano.
Hombre: Este no sabe dónde se ha metido. Ya verás cuando pase una semana…

Diálogo 3

Mujer: El sábado fuimos a la sierra de excursión, ¿cómo es que no viniste?
Hombre: Ya ves, Aurora, a última hora el niño se puso enfermo y tuvimos que llevarlo al hospital.

Diálogo 4

Mujer: Javier, he puesto el informe sobre la mesa y he dejado unos terrones de azúcar por si te preparas café esta tarde.
Hombre: Estás en todo, Teresa; pero hoy no voy a quedarme hasta tarde porque salgo a cenar con unos amigos.

Diálogo 5

Mujer: ¡Ay, Fernando, se me ha estropeado el televisor y no puedo ver el telediario!
Hombre: Pues yo soy un manitas; me paso en un momento y si quieres me invitas a un café, que hace mucho que no hablamos.

EXAMEN 1

Diálogo 6

Hombre: ¡No sabes cómo lo siento, Elena, pero es que el autobús ha llegado con mucho retraso!
Mujer: ¡Y tanto que ha llegado con retraso!, pero la película no empieza hasta dentro de dos horas.

Diálogo 7

Mujer: Juan, han llamado tus padres recordándote que mañana es el cumpleaños de tu prima.
Hombre: Estoy por decirles que no voy; pero seguro que me convencen cuando los llame.

Diálogo 8

Mujer: Mira que tener ahora que comprar otro regalo para el cumpleaños de Alicia… Sin ir más lejos, el otro día pasé por la tienda que a ella le gusta.
Hombre: Pues cómpraselo allí mismo, Merche: esa tienda queda cerca de su casa.

Diálogo 9

Mujer: Víctor, el sábado tocan los del grupo Las Musarañas y han empezado a vender las entradas hoy mismo.
Hombre: ¿A qué esperamos? Yo creo que a Juan y a Marga les gustaría ir.

Diálogo 10

Mujer: Tengo el corazón en un puño, todavía no ha llamado Silvia y ya debería haber llegado.
Hombre: Mamá, seguro que ha parado a comer algo y a descansar, porque no tiene ninguna prisa en llegar. Ya te llamará cuando llegue, ya sabes cómo es mi hermana.

COMPRENSIÓN AUDITIVA Y EXPRESIÓN E INTERACCIÓN ESCRITAS

TAREA 1 - Pista 5

Lo segundo que quiero decir es que voy a defender que la razón es más poderosa que la emoción, aunque pudiera no parecerlo después de todo lo que voy a comentar. Lo que sí es cierto es que la razón solo es más poderosa que la emoción cuando se le presta atención, cuando se usa bien. Cuando bajamos la guardia, como voy a intentar explicar, es la emoción, son nuestros sentimientos los que se llevan el gato al agua, los que dirigen nuestra conducta.

El cerebro humano, el órgano más complejo que existe en el universo conocido: unos cien mil millones de neuronas y diez elevado a quince sinapsis, interconexiones entre las neuronas; esas interconexiones (las sinapsis) son las que permiten que nuestro órgano capital sea un órgano inteligente, que tengamos inteligencia. Nosotros somos básicamente nuestro cerebro y su función más genuina, la mente humana. No os dejéis engañar por esos que os dicen precisamente el cerebro se nos adelanta o el cerebro nos engaña, ¿a quién engaña el cerebro?, ¿quién soy yo?, ¿acaso la carcasa que queda una vez que se extrae el cerebro de nuestro cuerpo? No, nosotros somos básicamente nuestro cerebro y nuestra mente. Y todo lo que podemos conocer o percibir tiene todas las limitaciones que pueda tener nuestro cerebro y nuestra mente.

¿Cómo ha evolucionado el cerebro humano? Básicamente podríamos resumirlo en tres importantes fases:

EXAMEN I

- una muy primitiva que pudo tener lugar aproximadamente en torno a hace unos trescientos, trescientos cincuenta, cuatrocientos millones de años, que dio lugar al cerebro llamado de los reptiles. Un cerebro programado para tener comportamiento, para producir comportamiento instintivo, el que tienen precisamente ese tipo de animales, los reptiles;

- más adelante, hace unos doscientos, doscientos veinte millones de años se desarrolló un nuevo cerebro que ven ustedes ahí coloreado, que veis coloreados más o menos en marrón que es el llamado cerebro de los mamíferos y es el cerebro de las emociones. Las emociones aparecen en la evolución como un medio para potenciar la conducta instintiva;

- y, más adelante, hace aproximadamente unos sesenta y cinco, sesenta, cincuenta y cinco o sesenta millones de años, aparece el cerebro de los primates, el neocórtex, la parte más voluminosa y predominante del cerebro humano, anatómicamente hablando; es el cerebro de la inteligencia, es el cerebro de la razón.

Pero la evolución ha sido tremendamente conservadora, nada se ha quedado por el camino; cuando aparece el cerebro de los mamíferos no se elimina el cerebro de los reptiles; cuando nos convertimos en seres emocionales, no dejamos de ser seres instintivos, no dejamos de tener instintos, y cuando aparece el cerebro de la razón y de la inteligencia no dejamos de ser seres emocionales e instintivos. Todo está ahí, organizado, muy bien organizado, interrelacionado, muy bien interrelacionado. Ha habido aproximadamente quinientos millones de años para que eso se organizara del modo en que está organizado y para que tengamos el cerebro y la inteligencia que actualmente tenemos.

Se calcula que las primeras neuronas que dieron lugar a este maduro cerebro del que ahora hablamos aparecieron, pues eso, en el período geológico llamado Cámbrico, hace aproximadamente unos quinientos millones de años, probablemente –esto hay que ponerlo en duda- en las esponjas, ahí aparecieron las primeras neuronas, en esa vida marina que tenían las esponjas. Entonces, somos seres instintivos, somos seres emocionales y somos seres racionales. Todo está ahí. Como decía hace un momento, voy a defender que la razón es lo más poderoso, pero solo cuando se hace un buen uso de ella. Aquí tenemos en una conocida imagen publicada por la revista *Science* las partes más importantes de nuestro cerebro que están relacionadas por un lado con la razón y por otro con la emoción. En la parte superior derecha, en color morado, vemos la corteza prefrontal dorsolateral, esta es la parte de nuestro cerebro que podríamos considerar que dirige el pensamiento, la razón, la voluntad. Es el cerebro, digamos, que controla nuestras capacidades inteligentes acudiendo a la ayuda y al material y a la información que le puede proporcionar el resto del cerebro. En la parte inferior izquierda vemos la amígdala, como veis prácticamente todas las estructuras, la mayor parte de las estructuras de nuestro cerebro son pares, las tenemos a la izquierda y a la derecha; la amígdala es el centro del cerebro emocional, la parte más importante de nuestro cerebro, que podemos considerar relacionada con las emociones y los sentimientos, pero no la única, no la única; en realidad, el cerebro racional y el cerebro emocional no están tan deslindados, no son tan independientes como pudiéramos extraer de la visión de estas imágenes, están tremendamente interrelacionados y os puedo asegurar que cada vez los expertos tienen, o tenemos, más dificultad para encontrar una estructura en el cerebro que sea puramente racional o que sea puramente emocional; sin embargo, nos ayuda mucho el tener estas referencias que aquí estoy aplicando. La corteza prefrontal como parte clave del cerebro racional y la amígdala como parte clave o central del cerebro emocional. Las otras áreas que podéis ver arriba a la izquierda, las cortezas órbito-frontal y ventro-medial y las que podéis ver abajo a la derecha, corteza cingulada anterior son áreas que podíamos considerar como puente o de interrelación entre la razón y la emoción. Entre la corteza prefrontal y el cerebro emocional o la amígdala. Son partes de nuestro cerebro que permiten que la emoción pueda influenciar a nuestro razonamiento y a nuestra inteligencia o que, al revés, la inteligencia, la razón, el pensamiento consciente pueda (y también el inconsciente) pueda influenciar a nuestras respuestas emocionales.

EXAMEN I

COMPRENSIÓN DE LECTURA Y EXPRESIÓN E INTERACCIÓN ORALES

TAREA 2 - Pista 6

- ¿A ti te parece que realmente resulta barato viajar en líneas de bajo coste?
- ¿Sueles aplicar los consejos que se dan en este artículo?
- ¿Has tenido alguna mala experiencia en un viaje en avión por lo que has decidido no volver a utilizar esa compañía?
- ¿Crees que las compañías tradicionales podrían bajar aún más sus tarifas?
- En tu opinión, ¿qué tipo de personas utilizan el bajo coste?
- ¿Te resulta cómodo viajar en determinadas compañías aéreas?
- ¿Qué aerolíneas utilizas con más frecuencia y qué valoras de su servicio?

COMPRENSIÓN DE LECTURA Y EXPRESIÓN E INTERACCIÓN ORALES

TAREA 3 - Pista 7

- Pero ese negocio está muy visto y vamos a tener que competir con un montón de gente que tiene experiencia y lleva años en ese mundo.
- A mí sigue sin convencerme esa idea, porque realmente el margen de beneficios es muy escaso, y hay que trabajar muchas horas al día para conseguir una pequeña ganancia.
- ¡Ay, no! ¿No te das cuenta de que esto es muy arriesgado en este momento y que debemos apostar por algo más seguro?
- ¿Tú crees que eso tiene mucho futuro y que los clientes van a seguir interesados mucho tiempo en este tipo de servicios?
- Yo no me arriesgaría con algo en lo que tengamos que trabajar; buscaría a alguien de confianza y cualificado para que se hiciera cargo del negocio.

EXAMEN 2

COMPRENSIÓN AUDITIVA Y USO DE LA LENGUA

TAREA 1 - Pista 8

En esta oportunidad hablaremos de los beneficios curativos de los baños termales. Desde los tiempos de la antigua Grecia, los baños termales fueron lugares para ir en busca de salud física y mental pues se creía que el uso de las aguas minerales montañosas permitía la curación de tumores malignos y la revitalización del sistema nervioso. Con el paso del tiempo, los científicos fueron descubriendo que algunas sustancias químicas como el azufre, el calcio, el litio, el fierro, el bromo, el yodo, el cloro, el magnesio, el potasio, el oxígeno, el bicarbonato, el sílice y el sodio poseían altas propiedades curativas que permitían mantener una vida sana y sin complicaciones futuras. Hoy, para obtener un eficaz tratamiento de un sinnúmero de enfermedades propias del cuerpo humano existen diferentes formas de aplicación de estos componentes montañosos que van desde el simple baño de aguas termales de azufre o de barro hasta inhalaciones, vapores, hidromasajes, saunas y masajes corporales.

¿Cuáles son las aplicaciones terapéuticas y sus beneficios?

La hidroterapia es un tratamiento mediante el baño de aguas termales usado tanto para la belleza como también para prevenir diversas enfermedades y pueden ser disfrutados como un alivio del estrés. El hidrospa es un tratamiento que se da en una tina especial equipada con más de cien chorros y minichorros de agua termal y aire aplicados simultáneamente en diferentes partes del cuerpo. Permite una relajación total de la persona, reduce los dolores reumáticos, estimula el sistema circulatorio linfático y alivia la fatiga muscular.

Los baños de azufre. Una de las principales características de este método radica en que se realiza en una poza con agua termal de azufre con temperaturas entre 34 y 40 grados Celsius y este baño estimula la circulación sanguínea, alivia malestares óseos o musculares, reduce el estrés, produce un estado de alta relajación y evita las afecciones de la piel.

¿Cuáles son las desventajas de los baños termales? Así como los baños termales pueden provocar la curación física y mental de las personas también pueden provocar algunas complicaciones si no se toman las debidas precauciones. Para ello se recomienda a aquellas personas que tengan síntomas de presión alta, enfermedades mentales o psiquiátricas, fiebre reumática, procesos agudos neurológicos, enfermedades del colágeno y del corazón, artritis soriásicas, insuficiencia cardíaca, o si están embarazadas, que eviten darse estos baños. También hay que tener en cuenta que es sumamente peligroso y dañino para el corazón el sumergirse, el bucear en estas aguas termales.

Cada día cobran más vigencia los tratamientos que rescatan el potencial de la naturaleza para tratar muchas enfermedades y favorecer el equilibrio general del organismo. En este sentido, las terapias con aguas termales se perfilan como una ayuda de primer orden, bien sea para mitigar los dolores del reumatismo, combatir el estrés o como un gozo meramente estético.

Los baños termales tienen como origen un manantial por el que brota agua caliente durante todo el año y cuya temperatura es bastante superior a la atmosférica, por provenir del subsuelo. Estas aguas contienen diversas sustancias minerales y desde tiempos inmemoriales se les atribuyen propiedades medicinales.

Según cuentan antiguas leyendas, las propiedades medicinales de las aguas termales fueron descubiertas por animales como los osos, los ciervos y los jabalí(e)s, además de aves como los cisnes, las grullas y las garzas, que solían visitar los manantiales termales para curar sus patas o las alas heridas.

EXAMEN 2

Es así como los humanos aprendieron a apreciar los dones de este regalo de la naturaleza pues en épocas remotas no había medicamentos apropiados para atender las diferentes enfermedades, razón por la cual constituían el único remedio para dolencias tan diversas como heridas, problemas gastrointestinales, neuralgias, artritis, reumatismo y traumatismo entre muchos otros. Si bien hay bastante de cierto en ello, no todo está demostrado científicamente; ahora bien, lo que sí es irrefutable es el valor terapéutico que los baños termales ofrecen para descansar en un lugar tranquilo y huir de la fatiga mental y física. Las aguas termales son uno de esos mecanismos naturales que ha encontrado el hombre para reencontrar su equilibrio con la naturaleza, pues la mayoría de los trastornos que padece se deben a que se ignora cómo convivir con la naturaleza en estos momentos.

Los centros de baños termales no son una novedad, ya que son ampliamente conocidos en Europa desde el siglo X e incluso desde los tiempos romanos cuando el hombre comenzó a buscar su equilibrio en el mundo a través de elementos como el aire, el agua, la tierra y las plantas.

Los baños termales son tratamientos que se emplean para ayudar a las personas a superar dolencias, mayormente dolores musculares y las articulaciones. Sin embargo, hay que tener en cuenta que detrás de cada dolencia hay causas que deben ser investigadas y orientadas médicamente además de observar una alimentación sana, un estado de desintoxicación adecuado y controlar los estados que provocan estrés y conflicto. Por esta razón, los baños termales son una terapia más que tiene sentido si es que va acompañada con las medidas generales mencionadas, que en conjunto ayudan a crear hábitos sanos de vida.

COMPRENSIÓN AUDITIVA Y USO DE LA LENGUA

TAREA 2 - Pista 9

Conversación 1

Mujer: ¿Sabes que ya he creado mi propio blog? Pero no un blog cualquiera, ¿eh?, es algo diferente.
Hombre: No, no lo sabía, pero dime cómo se llama para que pueda seguirte, y dime también por qué es tan especial.
Mujer: Se llama *Rodajas de vida*, y no es un blog escrito, sino que es una red social donde voy colgando mis fotografías o añadiendo las fotografías que me gustan de otras personas, eso sí, citando siempre la procedencia.
Hombre: Me gusta el título, *Rodajas de vida*, seguro que ahí cuelgas las fotografías de lo que te va pasando cada día, ¿no?
Mujer: No, no es exactamente eso. Ya sabes que a mí me gusta mucho la cocina, y también soy licenciada en Historia del Arte, así que siempre me han gustado expresiones artísticas como la pintura o la fotografía, y como me han regalado una cámara de fotos digital pero casi profesional me he puesto a hacer fotos últimamente, pero sobre todo de los platos que voy haciendo.
Hombre: Pero esa es una idea fantástica, además de muy apetitosa. O sea, que estás mezclando en el título lo de la cocina, con eso de *Rodajas*, refiriéndote a platos como la merluza o el salmón, y por otra…
Mujer: Bueno, bueno, yo no pensaba precisamente en las rodajas de pescado, porque como sabes no es precisamente mi fuerte; yo pensaba más bien en fruta, y esa es la fotografía que he puesto en mi perfil: rodajas de piña, de limón, de melón…

EXAMEN 2

Hombre: Ah, ahora ya entiendo un poco mejor lo del título, pero dime cómo funciona eso de la red social, porque me tienes un poco intrigado.
Mujer: Pues nada, es una red social como hay otras donde cuelgas vídeos o fotografías o mantienes contacto con amigos, pero esta se caracteriza porque tiene forma de blog, pero lo que se publica no son textos ni reflexiones sino solo fotografías.
Hombre: Ah, pues no sabía que eso existiera, pero a mí, la verdad, eso del blog me parece una esclavitud, tener que publicar todos los días.
Mujer: Tampoco es que tengas que publicar a diario. Yo lo hago cuando tengo un rato libre. Es más una costumbre y una necesidad, como hacer ejercicio, ducharse o preparar la comida: todos los días a una hora sabes que tienes que hacerlo.
Hombre: Ya, pero yo es que no tengo tiempo ni para respirar, así que como para ponerme a hacer todos los días algo, me da un ataque.
Mujer: Bueno, pero aunque estés tan atareado, por lo menos podrás visitar *Rodajas de vida*, ¿verdad?
Hombre: Eso sí, claro. Luego me dices exactamente cómo entro en esa red social, porque tampoco es que yo sea muy ducho en nuevas tecnologías ni esté muy puesto.

Conversación 2

Hombre: ¿Qué tal el piso? ¿Lo has alquilado ya?
Mujer: No, hijo, ¿qué va? Fuimos a verlo y aquello era un desastre.
Hombre: Pero si os dijeron que iba a estar impecable.
Mujer: Sí, eso nos dijeron en la agencia. Pero cuando llegamos estaba todo manga por hombro, los baños sucios, el suelo sin barrer, las puertas sin colocar, ¡un desastre!
Hombre: Y entonces, ¿qué vais a hacer?
Mujer: Pues tendremos que seguir en el mismo sitio hasta que encontremos algo que nos convenza.
Hombre: Pues sí, dentro de lo malo, por lo menos tenéis un techo donde estar.
Mujer: Sí, pero nos habíamos hecho tantas ilusiones con el nuevo piso, sobre todo por lo cerca que nos queda del trabajo.
Hombre: Bueno, no te preocupes, que algo saldrá…
Mujer: Sí, pero a ver ahora cuánto tiempo tardamos en encontrarlo, y es que todos los días me levanto con tres horas de antelación, porque entre el autobús, los atascos, dejar preparada la comida…, no puedo levantarme ningún día después de las seis.
Hombre: Ya verás cómo dentro de poco estáis viviendo aquí, en el centro, y os podéis olvidar del coche y del transporte público.
Mujer: Dios te oiga, porque a este paso nos vamos a jubilar y seguimos en aquel cuchitril, que lo alquilamos cuando acabábamos de casarnos.
Hombre: De todas formas, a mí me gusta, tiene su encanto…
Mujer: No te digo que no, yo le he tomado cariño, y sé que lo voy a echar de menos cuando me vaya de allí, pero es que son todos los días 45 minutos de autobús, y estoy hasta la coronilla de tanto madrugón.

EXAMEN 2

Conversación 3

Hombre: Y ahora, Yolanda Ruiz nos avanza la agenda del fin de semana. Dinos, Yolanda, ¿qué nos aconsejas hacer durante estos próximos días?

Mujer: Lo primero de todo es el estreno en cartelera de la última película de Linares Cuevas.

Hombre: Se ha hecho esperar, pero todo apunta a que va a ser aún mejor que la anterior.

Mujer: Mejor, mejor, no sé, pero sin duda tan buena; así la avalan la crítica y la lista de premios que ha cosechado en un montón de festivales nacionales e internacionales. **Hombre**: O sea, que va a arrollar en taquilla.

Mujer: Eso es lo que todo el mundo dice; porque la verdad es que el cine español necesita de vez en cuando películas tan taquilleras y con tanta calidad como las cintas a las que nos tiene acostumbrados Linares Cuevas.

Hombre: Es verdad, desde su ópera prima, con la que ya nos dejó con la boca abierta, siempre ha sido así.

Mujer: Pero no todo va a ser cine, este sábado también tenemos al concierto más esperado del año.

Hombre: Será para algunas, porque como te refieras a la actuación de *Si tú me dices*…

Mujer: Pues sí, Salvador, me refiero precisamente a los chicos de *Si tú me dices*, que han hecho las maletas y se encuentran de gira presentando su nuevo disco.

Hombre: ¿Y a qué hora y dónde será ese concierto, por si hay alguna despistada que todavía no se ha enterado?

Mujer: A partir de las diez, en el estadio Salmerón, empezarán a sonar los acordes de sus teloneros.

Hombre: Eso quiere decir que hasta la medianoche por lo menos nadie va a escuchar a *Si tú me dices*…

Mujer: Así se prevé, pero no creo que ninguna de sus fans pierda la oportunidad de estar en el estadio desde que abran las puertas para intentar estar en primerísima fila.

Conversación 4

Hombre: ¿Has terminado ya el informe?

Mujer: ¿Qué informe ni qué informe? No me hables, que los del Departamento de Ventas siguen sin enviarme unas cifras de exportaciones a Perú, y no me atrevo a cerrarlo todavía.

Hombre: Pero ese informe debía estar escrito desde hace una semana.

Mujer: Es lo que les he dicho a los de Ventas, y también al Gerente, pero como ni ellos me hacen caso ni él les llama la atención, aquí sigo, y ya verás cuando se acerque el día del consejo como me entregan los datos y yo me tengo que pasar en la oficina varias tardes cuadrando los balances.

Hombre: No te quejes, que así te pagan horas extra este mes.

Mujer: Ya, ya, muchas horas extra pero es que me los conozco y los de Ventas seguro que me entregan los datos pero incompletos, o desordenados, o en un programa incompatible con el mío.

Hombre: Pero ¿tú nos les has dado las instrucciones?

Mujer: Sí, llevo dando esas mismas instrucciones tres años, desde que llegué a esta empresa, pero a ellos les entra por un oído y les sale por el otro.

Hombre: No hay derecho, es una falta de respeto.

Mujer: Eso creo yo, pero no me sirve de nada protestar, porque como el director del departamento es el protegido del Gerente, a él le ríen todas las gracias.

Hombre: Menuda cara, luego tan serios y tan formales con otras cosas, pero para algunos aquí todo está permitido.

Mujer: Y que lo digas. Yo nunca había visto tanta falta de rigor, por no decir de equidad. **Hombre**: Es lo que hay. Ahora, que en estas condiciones es muy difícil trabajar motivado.

Mujer: Pues sí, chico, pero es que siempre pasa lo mismo, y al final pagamos justos por pecadores.

EXAMEN 2

COMPRENSIÓN AUDITIVA Y USO DE LA LENGUA

TAREA 3 - Pista 10

Periodista: Hace casi 43 años del pequeño paso para el hombre pero un gran paso para la humanidad, de la llegada del hombre a la Luna. Desde entonces, tan solo dos personas han vuelto a pisar otra superficie espacial, la del planeta Marte, aunque no de forma real, sino simulada. La misión Mars 500 consistía en recrear el largo viaje hasta este planeta; para ello, se encerró a seis tripulantes en una pequeña cápsula espacial durante, anoten, 520 días. Ellos experimentaron la ida y la vuelta al planeta rojo y dos de ellos incluso llegaron a explorar su superficie. Está con nosotros uno de los elegidos para pasear por el planeta rojo, por Marte. Él es Diego Urbina, ingeniero italo-colombiano. Muy buenas tardes, Diego.

Diego Urbina: Buenas tardes, gracias por invitarme.

Periodista: Naciste en Colombia, pero tienes raíces muy italianas, ¿verdad?

Diego Urbina: Sí, sí, hasta los 19 viví en Colombia y después ya me fui a vivir en Italia. Mi mamá tiene nacionalidad italiana y viví, he vivido desde entonces allí.

Periodista: Diego, ¿cuándo decidiste introducirte en este mundo espacial?

Diego Urbina: Ah, para mí no, cuando era pequeño no, no soñaba tanto de ser astronauta porque no, no era una opción donde… donde yo crecí, no era una cosa que normalmente alguien haría. Después, cuando fui a la Universidad, en Italia, me vinculé un poco con proyectos de tecnología espacial, en el satélite de mi Universidad, después estudié un máster en Estudios del Espacio y entré a trabajar en el centro de astronautas europeos para hacer el entrenamiento que ellos harían pronto, los nuevos astronautas. Entonces, así fue como me vinculé al espacio.

Periodista: La misión Mars 500 fue tan solo una simulación pero, pero muy real porque los seis tripulantes estuvisteis, Diego, encerrados en la cápsula espacial durante más de quinientos días; es que es, es algo increíble, ¿no?

Diego Urbina: Es cierto. Supremamente lejano está Marte. Ahí te das cuenta de cuánto está de lejano Marte de nosotros, pero el trayecto de ida y regreso es 520 días, es bastante largo y es el más corto que podemos hacer.

Periodista: Y son muchos días de encierro. ¿Qué te motivó a participar en esta misión, Diego?

Diego Urbina: Ah…, lo que me motivó fue, primero que todo fue un paso lógico en mi carrera, estaba motivado por eso y también el hecho de participar en, en algo más grande que yo mismo, el hecho de estar contribuyendo como un eslabón en la cadena que tenemos que armar para poner la humanidad en otro planeta y con todos los beneficios que esto traería.

Periodista: ¿Y cómo se tomó tu familia esos catorce meses de aislamiento?

Diego Urbina: Para ellos fue un poco difícil al principio, pero ellos siempre estuvieron al lado mío, son las personas que me apoyaron más y la verdad es que sin mi familia no lo habría podido lograr.

Periodista: ¿Qué fue lo más duro de la misión?

Diego Urbina: Lo más duro, nosotros estábamos, nuestro estado de ánimo estaba muy conectado con nues… con las pocas comunicaciones que pudiéramos tener con el exterior, entonces, cuando tal vez nuestra familia se ha ido de vacaciones, nuestros amigos se iban de vacaciones, todo sucedía al mismo tiempo y tal vez pues nos sentíamos un poco un poco mal durante este periodo, coincidió con el momento en el que habíamos cumplido un año en la simulación y que veíamos atrás todas las cosas que no habíamos hecho en la Tierra, sino que estábamos, habíamos estado encerrados y veíamos que faltaban todavía muchos meses, entonces, el verano de este año fue un poco el más difícil.

Periodista: Son sensaciones muy difíciles, ¿no?, un poco estar solo, ¿no?

Diego Urbina: Eso sí, afortunadamente tienes compañeros que son tus mejores amigos y son personas muy buenas, muy tolerantes. En todo eso, esto es la parte positiva.

EXAMEN 2

Periodista: Bueno, y esto me han dicho que te lo tengo que preguntar. Además de echar de menos a la gente que se quiere, supongo que también se extraña una buena comida o una ducha en condiciones, ¿verdad?

Diego Urbina: Sí, claro, nosotros teníamos el agua racionada, entonces podíamos tomar una ducha cada diez días. El resto de tiempo teníamos que usar paños húmedos…, nos hacía falta. Así como la comida era el principal tema de conversación durante, durante todo el viaje, ¿qué íbamos a comer luego?, ¿qué comida es buena?, esta comida no me gusta, etcétera, etcétera. La comida era buena, pero era muy monótona.

Periodista: ¿Cómo era? ¿Cómo era esa comida en la cápsula?

Diego Urbina: Había diferentes tipos de comida. Durante la primera parte, era una comida alemana que era parte de un experimento que buscaba ver cómo nuestro cuerpo absorbía la sal y cómo la…, cómo perdía la sal. Querían ver cómo nos subía la presión con la…, con diferentes niveles de sal, entonces teníamos que comer toda la comida que nos daban, no podíamos rechazar parte de la comida, entonces era… era muy difícil esa parte de la misión. Durante la segunda parte de la misión, era sobre todo comida espacial, comida en la que…, que está enlatada o a la que le tienes que agregar agua para…, para reconstituirla o comida que puedes meter en el microondas. Era, era comida buena para ser enlatada y para ser de…, para que pudiera estar en la…, en un módulo durante tanto tiempo sin dañarse, pero a pesar de que era comida buena, la monotonía de comer todo el tiempo lo mismo era muy difícil.

Periodista: Sí, y sobre todo esa ducha cada, cada diez días, ¿no? El resto del tiempo con las toallitas estas espaciales. Es que es muy curioso, Diego.

COMPRENSIÓN AUDITIVA Y USO DE LA LENGUA

TAREA 4 - Pista 11

Diálogo 1

Hombre: Alicia, la otra noche, como mi hija no llegaba salí al balcón para ver si venía y fíjate por dónde veo que tu marido salía del bar con unos cuantos amigos.

Mujer: ¿A qué viene ese comentario, Antonio? Es que estaban celebrando el cumpleaños de su hermano.

Diálogo 2

Hombre: Estrella, me tengo que ir, pero te acabo de dejar un par de refrescos en la nevera y te he doblado la ropa del niño, que estaba todavía tendida en la terraza.

Mujer: ¡Ay, Alfredo! ¿qué haría yo sin ti? Nunca tengo tiempo para pasar por el súper a reponer la nevera.

Diálogo 3

Mujer: Jorge, se me había olvidado decirte que el fin de semana que viene es el cumpleaños de Victoria y nos ha invitado a cenar en su casa con toda su familia.

Hombre: ¡Allá tú, Silvia! Ya sabes que cenan muy temprano.

EXAMEN 2

Diálogo 4

Hombre: Mónica, ¿por qué no te arreglas y vamos a dar una vuelta por el parque? Te invito a un helado.
Mujer: Sé un poco más original, Pedro, estoy hasta la coronilla de salir a pasear siempre por los mismos lugares.

Diálogo 5

Mujer: Hola, Roberto, me han dicho que ya han terminado el piso donde vais a vivir. ¡Choca esos cinco!
Hombre: Sí, Elvira, ya era hora, porque vamos a casarnos el año que viene y no teníamos dónde ir.

Diálogo 6

Hombre: Raquel, ¿sabes que han ascendido a Marta y que la han destinado a Bilbao?
Mujer: Yo no diría exactamente que es un ascenso, pero como ella tiene un novio allí le vendrá bien estar un tiempo cerca de él.

Diálogo 7

Mujer: Fernando, he leído en el periódico que a partir de la semana que viene no van a poder circular coches particulares por el centro de la ciudad.
Hombre: Pero mujer, eso no tiene ni pies ni cabeza. Yo acabo de comprarme una plaza de aparcamiento en el centro porque nunca encontraba dónde aparcar cuando iba al trabajo.

Diálogo 8

Hombre: Encarna, he encontrado un verdadero chollo. He visto unos cursos de pintura por Internet y me aseguran que voy a poder pintar lo que me dé la gana en un par de meses, y ganarme la vida.
Mujer: Está bien, Carlos, matricúlate, pero recuerda que a la larga te vas a gastar más dinero en pinceles que lo que te paguen por los cuadros.

Diálogo 9

Hombre: Hola, Isabel, ¡cuánto tiempo sin verte!, ¡qué alegría! ¿Cómo tú por aquí?
Mujer: Pues ya ves, buscando unos libros para regalarle a mi hermano. Por cierto, ¿cómo se llamaba aquel escritor que era amigo de tus padres?

Diálogo 10

Mujer: César, ¿te han dicho ya que este sábado nos vamos al campo a comer una paella con los jugadores del equipo de fútbol?
Hombre: No, no lo sabía, pero de la paella me encargo yo, que en eso no hay quien me gane.

EXAMEN 2

COMPRENSIÓN AUDITIVA Y EXPRESIÓN E INTERACCIÓN ESCRITAS

TAREA 1 - Pista 12

Necesitamos equipos especializados que sepan valorar esto. Otro ejemplo que ha esta(d)o ahí en los debates en la calle, en los bares, etcétera, todo el tema de la clonación, de las células madre, todo, todo el tema de lo que tenga que ver, la investigación con embriones, del bebé medicamento del otro día, ¿qué es la clonación terapéutica?, ¿en qué se diferencia de la reproductiva?, ¿es ético?, ¿no es ético?, son, son grandes debates que están ahí, que están teniendo impacto, que están en las portadas, que están en las noticias más leídas de Internet y que por lo tanto de nuevo demuestran la importancia de que tengamos periodistas que se dediquen a esto y que tengan criterio y capacidad de valorar en su justa medida cada noticia, de ponerla en perspectiva y de ayudar al ciudadano a formarse su opinión sobre el tema, ya sea el cambio climático, ya sea el bebé medicamento, o sea los transgénicos o Craig Venter dice que ha crea(d)o un cromosoma artificial, ¿qué quiere decir esto?, ¿esto es Frankenstein?, ¿nos vamos…? En fin, ¿podemos comernos un transgénico?, en fin algo que parecía que po…, que nun…, que casi nunca tiene impacto como la física de partículas es impresionante el impacto que ha tenido el experimento del LHC, yo estuve allí en Ginebra, ha esta(d)o entre…, estuvo dos días lo más leído en Internet, un experimento grandioso como este que luego ha fallado, que ha tenido sus problemas, pero todo ese drama del LHC, ¿funcionará?, ¿no funcionará?, ¿encontraremos la llamada partícula de Dios?, etcétera, yo creo que demuestra eh, el… la ciencia bien contada, con la capacidad que tenemos ahora además a través de medios como estos pues tiene una… un inmenso potencial realmente de, de llegar a la gente ¿no?

Y el tercer punto de lo que comentábamos: Internet, y aquí es donde quería enseñaros un poco pues lo que… lo que estamos haciendo en la web, que efectivamente yo… en el periódico hemos creado… vale, vale, vale…, el ganador está por ahí… En el… El periódico creó la sección de ciencia en el periódico impreso hace cinco años e… y aunque so… somos una sec…, una sección relativamente pequeña, de las más pequeñas del periódico, ha sido un hito tener ese espacio en el que a diferencia de, de lo que ha sido la ciencia y sigue siendo en muchos periódicos, dentro de ese maru… maremágnum llamado "Sociedad" en la que el periodista científico, bueno, igual no era, no se le podía llamar ni periodista científico, porque un día hacía ciencia, al día siguiente hacía un suceso, al día siguiente igual hacía sanidad, no podía haber especialidad porque estaba dentro de una cosa mucho más amplia llamada Sociedad, en la que al final no podía especializarse, no podía realmente centrarse en un tema y no iba a ir realmente consolidando fuentes en ese campo y realmente la cosa no iba a funcionar.

Entonces, desde el momento en que un periódico, como sea *El Mundo*, luego otros periódicos lo han seguido, crean una cabecera propia de ciencia en la que va a haber periodistas dedicados a esto, esto es clave para que el equipo de… realmente va a tener un rodaje de especialidad en ese campo y, bueno, se va a conseguir que la interlocución, digamos, entre redactores y dirección es gente especializada en ese campo, vamos a poder aportar en los debates de cómo se van a hacer los editoriales del cambio climático, etcétera, es fundamental que haya un equipo especializado en esto y que luego hay un representante especializado en ciencia para vender, como se dice, los temas a la portada del periódico o en los editoriales y por lo tanto este es un hito fundamental que se ha conseguido en… en *El Mundo*, y que luego otros periódicos han, han seguido y que creo, quiero enfatizar realmente la importancia de tener ese espacio propio exclusivo para la ciencia. Y bueno esto es lo, lo, lo ha demostrado el hecho de que otros periódicos han seguido, han seguido ese modelo. Aun así, pues el espa-

EXAMEN 2

cio muchas veces sigue siendo una frustración, porque al fin y al cabo es una sección relativamente pequeña pero aquí es donde Internet quizás nos permite eh, nos permite que cuando no todo cabe en el papel pues Internet tiene, no tiene límites de alguna manera y podemos profundizar en muchos temas y añadirle todo lo que supone el, todo lo que supone el potencial audiovisual para contar noticias en Internet, ¿no? Os quería poner pues algunos, algún ejemplo, por ejemplo, de una visita que hice a… a esta llamada, este llamado Arca de Noé del siglo XXI, la bóveda gla, global de semillas que han, que han monta(d)o ahí en prácticamente en el círculo pular, el círculo polar, en el círculo polar en Noruega y entonces bueno en el periódico dimos una dobla, doble página clásica con un, con un gráfico bien monta(d)o, pero claro en Internet y al lector del papel le decimos que pueda ver, pueda ir ahí a Internet a profundizar en el tema, pues tenemos lo que es un gráfico interactivo, en el que bueno, te metes en el, en el interior del refugio, bueno esto el que quiera, el que quiera ver, este es el tipo de especial que podemos hacer con estos viajes, te metes dentro, continúas… un álbum de, de, en fin, el periódico normalmente te puede dar la capacidad de dar una foto, dos máximo, y aquí pues tienes pues la posibilidad de profundizar y dar hasta diez fotos, etcétera, ¿no?, incluso la posibilidad de… de vídeos, ¿no?, que el, que el periodista tradicional de prensa pues tienes la posibilidad de hacer pues virguerías como esta, no sé, si queréis ver un poquito. Aquí se puede oír:

"…En concreto, aterrizamos en la isla de los…"

Quizás no se oiga mucho, Pablo.

Bueno, yo creo que más o menos se hace una idea. No sé cómo se para aquí ahora esto. [Risas]

Bueno, en definitiva. Lo que quiero transmitir es que yo creo que, eh, el periodismo científico, si tenemos en cuenta el impacto cada vez mayor social de los temas que el, que hemos comentado y otros que están en la calle, que están en el debate, la creación en periódicos de papel de secciones especializadas que se dedican a esto con equipos exclusivamente dedicados a este tema que tienen esa capacidad de promocionar eso dentro de, de lo que es la estructura del periódico y que al lector de alguna manera eh, en lo que es la lectura del periódico le van diciendo que la ciencia como espacio propio de información del día a día es al menos tan importante como otras secciones tradicionales como cultura, como economía, o sea la ciencia tiene ese espacio y viendo el potencial que tiene Internet con todas las virguerías audiovisuales de este tipo que tenemos que hacer pues realmente yo quería transmitir una visión muy optimista sobre la situación actual del periodismo científico y a los alumnos que están aquí pues animaros a, ya sea de periodistas que quieren intentar dedicarse al periodismo científico o científicos que quieren plantearse pasarse a la divulgación, pues que creo que es un gran momento para, para lanzarse a ello.

EXAMEN 2

COMPRENSIÓN DE LECTURA Y EXPRESIÓN E INTERACCIÓN ORALES

TAREA 2 - Pista 13

1. ¿En qué medida crees que el deporte ayuda a desarrollar diferentes capacidades y aptitudes sociales, como por ejemplo el trabajo en equipo?
2. ¿Piensas que los videojuegos podrían sustituir algún día el papel social que cumple el deporte?
3. ¿Qué sentimientos y reacciones tienes cuando ves un deporte popular como el fútbol, el béisbol o el boxeo?
4. ¿Qué intereses crees que se mueven en torno al negocio del deporte como espectáculo de masas?
5. ¿Qué medidas habría que adoptar en las competiciones deportivas para evitar actos violentos?
6. ¿Qué emociones suelen despertar los espectáculos de masas?
7. ¿Te parece adecuado el sueldo que ganan algunos deportistas de élite?

COMPRENSIÓN DE LECTURA Y EXPRESIÓN E INTERACCIÓN ORALES

TAREA 3 - Pista 14

1. Es que la temática es muy importante, y eso tiene que verse desde la portada.
2. Ya, pero en tu propuesta no se tiene en cuenta que nuestro público está ya harto de ese tipo de noticias.
3. Lo más importante va a ser la distribución del espacio para que se destaquen las noticias más importantes.
4. Pero es que el público al que nos dirigimos no puede pagar un producto de esas características.
5. Tu propuesta es seguir con el mismo tipo de publicación que llevamos viendo en los quioscos desde hace un montón de tiempo.

EXAMEN 3

COMPRENSIÓN AUDITIVA Y USO DE LA LENGUA

TAREA 1 - Pista 15

Nuestra sociedad ha valorado de forma pertinaz durante los últimos siglos un ideal muy concreto del ser humano: la persona inteligente. En la escuela tradicional, se consideraba que un niño era inteligente cuando dominaba las lenguas clásicas, el latín o el griego, y las matemáticas, el álgebra o la geometría.

Más recientemente, se ha identificado al niño inteligente con el que obtiene una puntuación elevada en los tests de inteligencia. El cociente intelectual (CI) se ha convertido en el referente de este ideal y este argumento se sustenta en la relación positiva que existe entre el CI de los alumnos y su rendimiento académico: los alumnos que más puntuación obtienen en los tests de CI suelen conseguir las mejores calificaciones en la escuela.

En el siglo XXI esta visión ha entrado en crisis por dos razones. Primera, la inteligencia académica no es suficiente para alcanzar el éxito profesional. Los abogados que ganan más casos, los médicos más prestigiosos y visitados, los profesores más brillantes, los empresarios con más éxito, los gestores que obtienen los mejores resultados no son necesariamente los más inteligentes de su promoción. No son aquellos adolescentes que siempre levantaban primero la mano en la escuela cuando preguntaba el profesor o resaltaban por sus magníficas notas académicas en el instituto. No son aquellos adolescentes que se quedaban solos en el recreo mientras los demás jugaban al fútbol o simplemente charlaban. Son los que supieron conocer sus emociones y cómo gobernarlas de forma apropiada para que colaboraran con su inteligencia. Son los que cultivaron las relaciones humanas y los que conocieron los mecanismos que motivan y mueven a las personas. Son los que se interesaron más por las personas que por las cosas y que entendieron que la mayor riqueza que poseemos es el capital humano.

Segunda, la inteligencia no garantiza el éxito en nuestra vida cotidiana. La inteligencia no facilita la felicidad ni con nuestra pareja, ni con nuestros hijos, ni que tengamos más y mejores amigos. El CI de las personas no contribuye a nuestro equilibrio emocional ni a nuestra salud mental. Son otras habilidades emocionales y sociales las responsables de nuestra estabilidad emocional y mental, así como de nuestro ajuste social y relacional.

En este contexto es en el que la sociedad se ha hecho la pregunta: ¿por qué son tan importantes las emociones en la vida cotidiana? La respuesta no es fácil, pero ha permitido que estemos abiertos a otros ideales y modelos de persona.

En este momento de crisis ya no vale el ideal exclusivo de la persona inteligente y es cuando surge el concepto de inteligencia emocional como una alternativa a la visión clásica.

En la literatura científica existen dos grandes modelos de IE: los modelos mixtos y el modelo de habilidad. Los modelos mixtos combinan dimensiones de personalidad como el optimismo y la capacidad de automotivación con habilidades emocionales. En nuestro país, el que ha tenido más difusión en los contextos educativos ha sido el modelo mixto de inteligencia emocional de Daniel Goleman. Fenómeno que tiene que ver más con las razones del marketing y la publicidad, que con la lógica de la argumentación científica.

El propósito de este artículo es ilustrar el modelo de habilidad de John Mayer y Peter Salovey, que se centra de forma exclusiva en el procesamiento emocional de la información y en el estudio de las capacidades relacionadas con dicho procesamiento. Desde esta teoría, la IE se define como la habilidad

EXAMEN 3

de las personas para atender y percibir los sentimientos de forma apropiada y precisa, la capacidad para asimilarlos y comprenderlos de manera adecuada y la destreza para regular y modificar nuestro estado de ánimo o el de los demás. Desde el modelo de habilidad, la IE implica cuatro grandes componentes:

- Percepción y expresión emocional: reconocer de forma consciente nuestras emociones e identificar qué sentimos y ser capaces de darle una etiqueta verbal.

- Facilitación emocional: capacidad para generar sentimientos que faciliten el pensamiento.

- Comprensión emocional: integrar lo que sentimos dentro de nuestro pensamiento y saber considerar la complejidad de los cambios emocionales.

- Regulación emocional: dirigir y manejar las emociones tanto positivas como negativas de forma eficaz.

Estas habilidades están enlazadas de forma que para una adecuada regulación emocional es necesaria una buena comprensión emocional y, a su vez, para una comprensión eficaz requerimos de una apropiada percepción emocional.

No obstante, lo contrario no siempre es cierto. Personas con una gran capacidad de percepción emocional carecen a veces de comprensión y regulación emocional. Esta habilidad se puede utilizar sobre uno mismo (competencia personal o inteligencia intrapersonal) o sobre los demás (competencia social o inteligencia interpersonal). En este sentido, la IE se diferencia de la inteligencia social y de las habilidades sociales en que incluye emociones internas, privadas, que son importantes para el crecimiento personal y el ajuste emocional.

Por otra parte, los aspectos personal e interpersonal también son bastante independientes y no tienen que darse de forma concadenada. Tenemos personas muy habilidosas en la comprensión y regulación de sus emociones y muy equilibradas emocionalmente, pero con pocos recursos para conectar con los demás. Lo contrario también ocurre, pues hay personas con una gran capacidad empática para comprender a los demás, pero que son muy torpes para gestionar sus emociones.

La inteligencia emocional, como habilidad, no se puede entender tampoco como un rasgo de personalidad o parte del «carácter» de una persona. Observemos a un individuo que tiene como característica de su personalidad ser extravertido, ¿podremos pronosticar el grado de inteligencia emocional personal o interpersonal que posee? Realmente, no podemos pronosticarlo. Otra cosa es que exista cierta interacción entre la IE y la personalidad, al igual que existe con la inteligencia abstracta: ¿utilizará y desarrollará igual una persona su inteligencia emocional con un CI alto o bajo? En este sentido, las personas con cierto tipo de personalidad desarrollarán con más o menos facilidad, con mayor o menor rapidez, sus habilidades emocionales. Al fin y al cabo, la persona no es la suma de sus partes, sino una fusión que convive –milagrosamente– de forma integrada.

EXAMEN 3

COMPRENSIÓN AUDITIVA Y USO DE LA LENGUA

TAREA 2 - Pista 16

Conversación 1

Hombre: Pilar, hace mucho que no veo a tu marido.
Mujer: Es que anda muy ocupado desde que lo nombraron presidente de la Asociación de vecinos.
Hombre: ¡Enhorabuena! Yo creo que como tiene tanta mano izquierda, lo hará muy bien.
Mujer: Sí, pero está todo el día reunido, recibiendo llamadas, contestando correos; ya casi no le veo el pelo.
Hombre: No seas exagerada, seguro que los fines de semana no tiene compromisos.
Mujer: ¡Uy!, muchos sábados tiene que viajar, reunirse, acudir a actos.
Hombre: Pero para eso hay un equipo, ¿no?
Mujer: No te creas, porque casi todo el trabajo lo hace él solo, como es por amor al arte…
Hombre: Ya, pero tendrá otras personas que lo ayuden.
Mujer: Bueno, al principio Andrés era su mano derecha, pero como ha cambiado de trabajo, lo ha tenido que dejar.
Hombre: ¿Y no hay nadie que pueda sustituirlo?
Mujer: La verdad es que no; así que está deseando que haya nuevas elecciones.
Hombre: ¿Y cuándo se celebran?
Mujer: Ya solo quedan seis meses, y él está ya muy cansado, así que no se vuelve a presentar.

Conversación 2

Hombre: Hola, Lucía, ¿cuándo has vuelto de viaje?
Mujer: Llegué el miércoles porque el avión se retrasó varias horas y perdí un enlace.
Hombre: Pero, ¿has tenido tiempo de ver algo?
Mujer: Solo el hotel, porque estuvimos los cuatro días reunidos desde muy temprano.
Hombre: Bueno, y cuéntame, ¿qué tal las negociaciones con la filial asiática?
Mujer: Hemos hecho un negocio redondo.
Hombre: ¿A qué acuerdo habéis llegado?
Mujer: A partir de ahora nosotros recibimos un porcentaje de sus beneficios a cambio de la licencia.
Hombre: ¿Y vamos a tener más vínculos con ellos?
Mujer: Sí, nos convertimos en sus únicos proveedores de mercancías.
Hombre: ¿Y se lo has contado ya al Director General?
Mujer: Le escribí un correo electrónico nada más cerrar el trato, pero voy a verlo ahora.
Hombre: Entonces no te entretengo, que querrá verte.

Conversación 3

Hombre: Buenas tardes, señora, ¿qué desea tomar?
Mujer: Estaba pensando en tomar un aperitivo mientras espero a los demás.
Hombre: Si me lo permite, puedo sugerirle unas cocochas con salsa verde.
Mujer: Se me hace la boca agua solo de pensarlo, pero prefiero algo más ligero.
Hombre: Si lo desea le voy trayendo la bebida.
Mujer: De acuerdo, tráigame un vino espumoso.
Hombre: ¿Alguna denominación de origen en particular?
Mujer: Un vino gallego o catalán.

EXAMEN 3

Hombre: ¿Le traigo también el periódico?
Mujer: Sí, por favor, quiero estar al tanto de lo que pasa en el mundo; todo parece tan revuelto...
Hombre: Se lo traigo en un momento. ¿Desea algo más?
Mujer: Unas aceitunas y, por ahora, con eso es más que suficiente.

Conversación 4

Hombre: ¿A qué no sabes lo que ha pasado?
Mujer: No sé, como aquí nadie me cuenta nada.
Hombre: Pues resulta que yo no lo sabía, pero el otro día nuestros compañeros de trabajo se fueron juntos a un concierto después de cenar.
Mujer: Hasta ahí todo es normal, ¿no?, ¿o es que tú querías ir con ellos y no te invitaron?
Hombre: No, no, no es eso, pero lo que no es normal es que Alfredo, que está casado, se enrollara con una de las chicas.
Mujer: Bueno, los dos son ya mayorcitos, así que tienen todo el derecho del mundo.
Hombre: Pues yo no veo con buenos ojos que tengan una aventura así, a la vista de todo el mundo, a plena luz del día.
Mujer: ¿Y qué concierto fueron a ver?
Hombre: No lo sé, un grupo de esos jovencitos que en un par de semanas han llegado a ser ídolos de un montón de gente; un montaje comercial para vender más discos.
Mujer: Por lo menos, ellos tienen una buena visión empresarial y saben que eso es lo que ahora mismo gusta a todo el mundo.
Hombre: Sí, pero no me cambies de tema. ¿No te has quedado de piedra con lo que te he contado?
Mujer: La verdad es que no, porque no lo sabía pero ya lo sospechaba.
Hombre: Tú es que siempre has tenido buen olfato para esas cosas.
Mujer: Buen olfato no lo sé, pero creo que algo huele mal en ese asunto; ya veremos si acaba bien.

COMPRENSIÓN AUDITIVA Y USO DE LA LENGUA

TAREA 3 - Pista 17

Periodista: Juan Demetrio Chillarón, nuestro invitado de hoy, estudió en la Escuela Superior de Diseño de Valencia pero fundamentalmente es un emprendedor; ya llevaba varios años con una idea que le rondaba la cabeza y a partir de ahí con buenas dosis de entusiasmo, de confianza en sí mismo y de perseverancia la empezó a desarrollar como proyecto fin de carrera, tuvo ayudas del Instituto Ideas de la Universidad Politécnica de Valencia que fueron decisivas para que pudiera llevar a cabo ese proyecto y patentarlo. Les cuento qué es: una mochila con un novedoso sistema de respaldo ergonómico con una serie de piezas hinchables en las zonas lumbar y dorsal que permite una postura correcta de la espalda por mucho peso que se cargue, algo que siempre los padres de los niños sobre todo, pues, estaban deseando que llegara a inventarse. Ese invento se llama Aironbag, Juan Demetrio, y creo que la idea se te ocurrió porque tú también de niño estuviste sufriendo esos típicos dolores de espalda, ¿no?
Chillarón: Sí, exactamente, eso, pues, lo que comenté una vez es que yo me he criado entre mochilas y bolsos porque vengo de un negocio familiar donde mis padres antes eran fabricantes, y la verdad es que la idea siempre me ha estado rondando, ¿no? y luego pues que como cualquier estudiante también lo he tenido que sufrir. Y luego pues la oportunidad de estudiar el diseño industrial pues es lo que me ha podido dar facilidades para poder encontrar una alternativa más a lo que hay en el mercado.

EXAMEN 3

Periodista: Siempre pasa con un invento que la gente dice "¿y cómo no se me ha ocurrido a mí?"; ¿tú lo tenías claro desde muy pronto, cuando empezaste a desarrollar el proyecto, que esas cámaras de aire resolvían el problema?

Chillarón: No exactamente; hasta que no me junté con un médico, que fue pues el partícipe también de la idea, de esta gran idea, pues yo tenía algunas ideas similares pero hasta que no nos juntamos y empezamos a hacer unos desarrollos pues no, no damos con la solución, ¿no?, pero como bien comentas, luego la solución es muy sencilla y dices "ostras, ¿cómo no se nos ha ocurrido antes?".

Periodista: Bueno, me dices que trabajaste con un médico porque, esto sí hay que subrayarlo, no es solo cuestión de diseño, ¿verdad?, estamos hablando de salud.

Chillarón: Sí, exactamente, lo que pasa es que yo actualmente soy quien está comercializándolo, ¿vale?, y digamos que he llegado a un acuerdo con él en el que soy yo el que lo comercializa pero no puedo hacer uso del nombre de esta persona, ¿de acuerdo?, pero para ello pues sí que he intentado el buscar otra alternativa como ha sido un estudio científico por parte del Instituto de Biomecánica de Valencia, que avala el producto, y luego pues también nos hemos reunido en Madrid varias veces con el director médico de la Escuela Española de la Espalda y ve un producto pues muy, con un resultado muy óptimo. Estamos esperando una serie de cosas para poder empezar con la tramitación del sello de calidad de la Escuela Española de la Espalda.

Periodista: Bueno, y cuando uno trabaja en este campo, Juan Demetrio, tiene que ser un poco cabezón, y lo digo con cariño, porque creo que tuviste problemas para encontrar fabricantes interesados en la patente así que dijiste: "pues yo mismo", ¿no?

Chillarón: Sí, así ha sido. Primero hice un tanteo, fui a China, porque bueno como he comentado pues mis padres son, eran fabricantes pero a día de hoy son importadores y teníamos una serie de contactos, lo que pasa es que era dentro de otro tipo de producto, ¿no? eran maletas, entonces, bueno, pues me fui yo allí a la aventura con varios contactos que hice y pues ya en un segundo viaje allí cuando ya digamos que consolidé una relación con uno de ellos y a partir de entonces pues he estado viajando allí, he estado hasta viviendo allí en la misma fábrica y un poco pues eso, adaptándose.

Periodista: Bueno, como nos dices, has entrado ya en el mercado asiático, de hecho, creo que la mochila Aironbag ha tenido muy buena acogida en la última Feria de Hong Kong.

Chillarón: Sí, ha sido así. De hecho también en la última feria de IFEMA, de Madrid, salieron unos contactos muy interesantes, de hecho pues a día de hoy va a salir durante esta semana un pedido a Filipinas, o sea, que la verdad muy…, tiene buena pinta.

Periodista: También se distribuye en Dubai, también se vende en Croacia. ¿Has tenido que esforzarte en demostrar sus ventajas o la gente cuando lo descubre dice "pues claro, si era esto"?, ¿no?

Chillarón: No, me ha tocado esforzarme, por supuesto, porque el sistema es muy intuitivo, pero claro, hay que entender cómo funcionan las cámaras sobre la espalda.

COMPRENSIÓN AUDITIVA Y USO DE LA LENGUA

TAREA 4 - Pista 18

Diálogo 1

Mujer: Hola, Juan, te llamo porque tengo que enviarle un paquete a tu hermano urgentemente y no sé en qué calle vive.

Hombre: Lo tengo en la punta de la lengua; siempre me pasa lo mismo. Es el nombre de un pintor famoso, que empieza por uve.

EXAMEN 3

Diálogo 2

Mujer: Anoche, al irme, dejé encima de la mesa de mi despacho la pluma que me regalaron mis hijos en mi cumpleaños.
Hombre: ¿No estarás insinuando que hay ladrones en la oficina?, porque yo siempre dejo los cajones abiertos.

Diálogo 3

Mujer: ¿Por qué no me acompañas a la fiesta de despedida de Javier? Va a ser en una discoteca y estará de lo más animada.
Hombre: ¡Uy!, con lo patoso que soy, no sé si seré tu mejor compañero de baile.

Diálogo 4

Hombre: ¡Ay!, Laura, no sé si pedirle a Antonio que me preste su saco de dormir para el próximo fin de semana.
Mujer: El "no" ya lo tienes, y como él ahora tiene mucho trabajo no saldrá de excursión.

Diálogo 5

Hombre: Teresa, esta noche te toca hacer la cena y yo friego los platos.
Mujer: Ni hablar, esta semana yo he limpiado los baños y he hecho la compra.

Diálogo 6

Hombre: Buenos días, señora Pérez, soy Juan López y quedamos en vernos hoy para enseñarle nuestro catálogo.
Mujer: ¡Ay!, sí, estaba esperándolo. Por cierto, ¿en qué empresa me dijo que trabajaba?

Diálogo 7

Mujer: Santi, tengo que ir al súper, ¿quieres que compre pan?
Hombre: ¡Qué va! Tenemos mucho, pero compra patatas, que se están acabando.

Diálogo 8

Hombre: ¡Enhorabuena, Dolores! ¡Por fin llegó el día! Va a ser una boda preciosa, ¿cómo está tu hija?
Mujer: Está como un flan. No ha dormido en toda la noche, y yo tampoco.

Diálogo 9

Hombre: Ana, no funciona el microondas; debe estar estropeado. ¿Qué puedo hacer?
Mujer: Basta con que aprietes el botón de inicio.

Diálogo 10

Mujer: ¿Qué tal le salió el examen a tu hijo?
Hombre: ¿Qué quieres que te diga? Él dice que se quedó en blanco, pero yo creo que lo hizo muy bien.

EXAMEN 3

COMPRENSIÓN AUDITIVA Y EXPRESIÓN E INTERACCIÓN ESCRITAS

TAREA 1 - Pista 19

En la presentación que don César Coll nos hace en la que tal vez nosotros podemos centrar nuestra atención es el hecho que él dice que las políticas educativas están centradas casi siempre en lo que es la escuela, en la educación escolar, pero no se puede solo centrar la educación en lo que es la escuela porque el chico no nada más vive en la escuela. El chico tiene muchísimos otros ambientes de aprendizaje a los que él llama que hemos de tener una nueva ecología del aprendizaje porque ese aprendizaje no se da en un solo ámbito, sino se da en muchos nichos. Existe una multiplicidad de escenarios de aprendizaje, por lo mismo no puede ser este aprendizaje igual en cualquier momento y no solo se da en la escuela, eso nos debe de quedar muy claro. También en lo que él dice que es la nueva ecología del aprendizaje existen desafíos y oportunidades entre esa familia y escuela. Esos desafíos de lo que yo comentaba, en donde él comenta que el aprendizaje ahora es ubicuo, que no solo se aprende en un lugar, sino en todos los lugares, y que esta familia potencialmente se va a convertir en un nicho de aprendizaje pero ese nicho de aprendizaje va a abrir, cerrar la puerta de acceso que permita la entrada a otros nichos de aprendizaje. Estamos claros que, esta, de la familia es de donde se marca los primeros saberes y son saberes que se quedan para siempre, como por ejemplo saludar. Saludar es algo que lo enseñan las mamás y los enseñan las abuelitas, alguien que no saluda es que no tuvo alguien tan cercano a él como es ese personaje que puede ser la madre, el padre y la abuela, ¿verdad?, o los abuelos y es una situación donde se relacionan dos personas, el solo hecho de saludar ya dice mucho de una familia.

Tenemos también aquí un reto que César Coll nos pone a los maestros y es un reto que es bastante interesante porque él dice "no solo hay que formar buenos estudiantes sino también aprendices competentes". ¿A qué se refiere en este momento César con estas palabras de los aprendices competentes? En un caso que estamos viviendo en este momento en el mundo, no nada más en México, no nada más en Venezuela, sino que los chicos salen a la mejor muy bien de la escuela, pueden llegar a ser muy buenos estudiantes, y se encuentran con que no hay trabajo, o se encuentran con que lo que ellos aprendieron no funciona en donde ellos están trabajando, entonces, más que ellos aprendan una serie de técnicas o de currícula, es que ellos también sepan que, cómo salir adelante, en los retos que les ponga la vida. Y allí esa es una de las partes que la creatividad marca el hecho que uno tenga un problema y pueda sacarlo adelante. Entonces, eso de aprendices competentes creo que es algo en lo que tenemos que reflexionar.

También el hecho de que es las exigencias que debemos de revisar de cambio como es plantear que la familia y escuela estén en un marco de redes en las que aparezcan otros contextos de aprendizaje y cómo planear la personalización del aprendizaje pues atendiendo la diversidad porque no podemos hacer que todos aprendan lo mismo de la misma manera y que, si no, somos robots. Y otra de las cuestiones muy importantes que es esta última de la equidad educativa, si no hay equidad, si no hay esa… poder tener oportunidades entonces seguiremos en los mismos caminos. Dentro, las. Ustedes van a tener el video, pero bueno, quiero hacer puntual que la participación de la familia y de la escuela seguramente mejorará el aprendizaje y seguramente mejorará el hecho de que esos jóvenes o esos niños tengan mejores resultados.

Las propuestas, bueno, hay varias propuestas, yo quiero poner ahí en estas en claro que serían los programas para realizar…; perdón, ahí quise, programas orien…, compartidos entre profesores y familia, en un conocimiento recíproco, ahí hay un error, de ver, pero bueno, programas orientados al conocimiento mutuo entre las familias y la escuela, programas orientados a fortalecer estos nichos de aprendizaje en torno, en el entorno de la familia y bueno, algunos planes educativos integrales, territorializados, no solo políticas generales, porque en cada lugar los espacios son diferentes, pues no podemos querer tratar a todos de la misma manera.

EXAMEN 3

COMPRENSIÓN DE LECTURA Y EXPRESIÓN E INTERACCIÓN ORALES

TAREA 2 - Pista 20

1. ¿Tú prefieres leer los libros en papel o en formato electrónico?
2. ¿Qué ventajas y qué inconvenientes tiene el libro de papel frente al libro electrónico?
3. ¿Qué tipo de libro no leerías nunca en una pantalla?
4. ¿Crees que el libro de papel desaparecerá en poco tiempo?
5. La aparición de los formatos electrónicos, en tu opinión, ¿está permitiendo un acceso más extendido a la lectura? 6. ¿Es más prestigioso publicar un texto en papel que hacerlo en Internet? ¿Por qué?
7. ¿Preferirías publicar un libro electrónico o hacerlo en un formato tradicional?
8. ¿Existe el peligro de que si se digitalizan todos los contenidos puedan perderse más fácilmente o la digitalización aseguraría la conservación permanente de esos fondos?

COMPRENSIÓN DE LECTURA Y EXPRESIÓN E INTERACCIÓN ORALES

TAREA 3 - Pista 21

1. Pero ese material es poco práctico y, además, encarecerá mucho el producto.
2. Además, a nuestros clientes les importa mucho el cuidado del medio ambiente, así que debemos ofrecer un producto que sea bien recibido.
3. Ya, pero no sé si yo si ese diseño que propones es tan original como para encontrar una posición en el mercado. ¿Tú crees que eso será atractivo para los niños y también seguro para que los padres lo compren?
4. ¿Eso no te parece demasiado incómodo y poco práctico? Yo creo que hay que ver otros modelos.
5. Bueno, se puede probar, pero creo que la gente no identifica a nuestro producto de toda la vida con ese envase, y las madres pueden dejar de comprarlo.

EXAMEN 4

COMPRENSIÓN AUDITIVA Y USO DE LA LENGUA

TAREA 1 - Pista 22

Ok. Comienzo desde lo básico, ¿cómo está constituido nuestro planeta? Ok, y ahí están básicamente en esta tabla las cáscaras con las que se constituye nuestro planeta, la composición, en fin… Esto, ¿para qué me va a servir? Bueno, pues me va a servir para entender hasta dónde le podemos exigir a este planeta, este, qué tan grande es la población actualmente y cuáles son las proyecciones que se espera que haya en 20 años con relación a la población de este planeta y si realmente podemos hablar de susten…, sustantividad…, sustentabilidad. La otra cuestión, en realidad, los inorgánicos, este es el punto de partida, este es el acceso que tenemos a los materiales. Vean, en esta parte, está la abundancia relativa de los elementos en la Tierra, pero en realidad nosotros tenemos acceso a una pequeña parte, que es la corteza terrestre, y de ahí bueno pues a la parte más superficial. ¿Qué es lo que queremos decir? Bueno, pues lo que queremos decir es de que en la superficie terrestre el elemento más abundante sin lugar a dudas es el oxígeno, silicio, aluminio y zinc. Esto nos tiene que servir como punto de partida para decir, bueno, de qué, este, surtido, parte un químico para hacer su trabajo, para hacer su investigación.

La otra cuestión que siempre me gusta hablar es la clasificación geoquímica de los elementos, salvo que lastimosamente se pierde en el tiempo, que solo quizás yo o alguno de mis, este, alumnos hace hincapié sobre la clasificación. Son cuatro cajones muy sencillos y que en realidad nos están dando la primera lac… lección de reactividad química, es decir, cuál es el primer amor de los elementos, cuál es la primera tendencia a asociarse; esos cuatro cajones se ven mejor en la siguiente lámina que son los atmófilos, aquellos que son abundantes en la atmósfera, los cas… calcófilos, aquellos que les gusta estar asociados con selenio, arsénico y azufre, a pesar de que esos tres elementos no pertenecen al mismo grupo en la tabla periódica, sí pertenece a esta categoría. Fíjense nada más que nosotros en este país tenemos el privilegio de ser portadores de… el elemento que tiene la capacidad conductora de la corriente que es la plata, pero al mismo tiempo en nuestro país existen yacimientos cuantiosos de plomo, cadmio, bismuto, que en términos generales son muy malos conductores de la corriente eléctrica.

Por otro lado, bueno, pues están los nitófilos, nitos quiere decir suelo, afinidad por el suelo, es decir, aquellos que tienen afinidad por silicatos, algunos silicatos, en general que les gusta estar rodeados de oxígeno o alógenos y tal es el caso por ejemplo de las piedrogaras, del litio, el potasio y le(s) señalo estos dos elementos porque hasta el año de 2009 para México estos dos elementos no significaban gran cosa. A partir de 2009, en la frontera entre Zacatecas y San Luis de Potosí se va a tomar el yacimiento más grande de estos dos elementos. Una de las cuestiones que ha ocurrido es que las compañías coreanas, fundamentalmente, como LG, Samsung, etc., han pedido establecer plantas cerca de estos yacimientos. Una de las razones, bueno, pues son las baterías que usamos ahora para los celulares, están, o sea, las llamadas baterías litio, yodlitio, sí, y entonces bueno estos dos pues han pasado a ser parte del acervo de los que disponen los químicos inorgánicos de este país.

Finalmente están los siderófilos, o sea, aquellos que pertenecen a la industria siderúrgica, la industria del hierro, aquellos que son capaces de aliarse, y vean, entre ellos están, bueno, pues, elementos como hierro, cobalto, níquel, cobre, que también pertenece a esta categoría, platino… Hay una cosa importante…

EXAMEN 4

COMPRENSIÓN AUDITIVA Y USO DE LA LENGUA

TAREA 2 - Pista 23

Conversación 1

Hombre: Hombre, María, ¿tú por aquí? Suponía que ya estabas en Santiago.
Mujer: Pues, sí, tenía que haber vuelto el domingo pasado pero no había ningún billete hasta hoy.
Hombre: Menuda faena, ¿no?
Mujer: No, ¡qué va!, si me vino muy bien, porque así alargué mis vacaciones un poco más y aproveché las rebajas, que justo empezaron ayer.
Hombre: ¡Qué bien!, ¿no?
Mujer: Sí, sobre todo porque quería comprarme unas botas de piel y solo en rebajas están asequibles. Así que, contenta. Y tú, ¿qué tal? Imaginaba que habías vuelto antes.
Hombre: No, no, porque yo tenía un montón de vacaciones acumuladas.
Mujer: De todas formas, te noto raro, para volver de las vacaciones, ¿no?
Hombre: Sí, la verdad es que estoy hecho polvo. Ya sabes, ayer me despedí de mis amigos y estuve hasta las cinco de la mañana con ellos; luego he dormido un poco en el autobús, porque son cinco horas de viaje en autobús. Es lo que tiene vivir lejos de Madrid.
Mujer: Y ¿qué tal?, ¿has hecho muchas cosas?
Hombre: Nada, lo típico en estas fechas, ver a la familia, las cenas y comidas, pero también nos ha hecho muy buen tiempo y hemos podido incluso bañarnos en el mar.
Mujer: ¿Y tu mujer y el peque?
Hombre: Ahora vienen, ella ha ido a comprar unos regalos, así que imagino que no tardarán en llegar.

Conversación 2

Mujer: Menos mal que has llegado, Pablo.
Hombre: ¿Por qué?, ¿qué pasa, Ana?
Mujer: Que acaban de llamar del colegio del niño y preguntan si mañana vamos a ir a la reunión de padres, porque se va a proponer una subida de la cuota mensual para los miembros de la asociación.
Hombre: Me importa un pimiento la subida de las cuotas, con todos los temas importantes que hay que resolver en ese colegio.
Mujer: Vale, pero qué les digo, que vas a ir o no, porque yo mañana tengo que trabajar hasta las nueve de la noche y me va a resultar imposible asistir.
Hombre: En ese caso, ya voy yo, que estaré en casa a mediodía. Así, de paso, pregunto si este año también organizan el concurso de karaoke para la fiesta de fin de curso.
Mujer: No me dirás que te vas a volver a presentar. Después de lo que pasó el año pasado.
Hombre: Bueno, mujer, este año yo me prepararía un poco más.
Mujer: Creo que es mejor que te olvides de cantar y que, en todo caso, participes en la prueba de deporte.
Hombre: No lo había pensado, pero tal vez me apunte al torneo de tenis.
Mujer: Pues yo voy a muerte contigo, ya lo sabes.
Hombre: No hace falta que me lo digas. Pero de todas formas, si hay concurso de karaoke, me apunto, y este año cantamos a dúo.
Mujer: Conmigo no cuentes.
Hombre: Pero, Gema, si es muy divertido; una vez pierdes el ridículo, te lo pasas muy bien.

EXAMEN 4

Conversación 3

Hombre: ¿Qué te pasa, Magda, que te noto un poco agobiada?
Mujer: Que mañana tengo una reunión con la directora y aún no estoy satisfecha con el informe que he redactado. ¿Te importaría leerlo y decirme si está bien organizado? **Hombre**: Faltaría más.
Mujer: ¡Ay!, Javier, no quiero molestarte, pero es que es muy importante para mí.
Hombre: Lo entiendo, no te preocupes, seguro que está bien y no lleva mucho tiempo.
Mujer: Dios te oiga, porque tengo mucha prisa y precisamente hoy quiero salir temprano de la oficina.
Hombre: Ya verás como sí. ¿Y a qué viene tanta prisa?
Mujer: Pues que esta tarde le había prometido a mi hija que la llevaría al circo y he comprado las entradas para la función de las seis.
Hombre: Pues yo fui la semana pasada con mis niños.
Mujer: ¿Y qué tal? ¿Cómo se lo pasaron?
Hombre: A los críos les encantó, se lo pasaron en grande. Lo que más me extrañó es que había cuatro gatos.
Mujer: Por cierto, ¿dura mucho la función?
Hombre: Unas dos horas y media, con una pausa de quince minutos.
Mujer: Bueno, por lo menos estaremos en casa a las nueve por si tengo que seguir trabajando.

Conversación 4

Hombre: Y entonces, Clara, me decías que los niños volvieron de la piscina con un perro que se habían encontrado en la calle…
Mujer: Sí, y la verdad es que era precioso, pero no podíamos quedárnoslo, porque en el piso no hay espacio para un animal, y sobre todo porque su dueño lo estaría buscando.
Hombre: Y entonces, ¿qué hicisteis?
Mujer: Pues nada, volvimos a la calle donde se lo habían encontrado y estuvimos preguntando a los vecinos, hasta que encontramos al dueño.
Hombre: Se pondría muy contento, ¿no?
Mujer: No dejaba de chillar. A los niños les propuso que fueran a jugar a su casa cuando quisieran.
Hombre: Pero eso está bien, porque así es como si tuvieran un perro pero sin tener que pagar veterinario ni tener que sacarlo a pasear.
Mujer: Ya sabes lo que a ellos les gustan los animales, pero yo no quiero que molesten a ese pobre señor.
Hombre: No será para tanto, Clara, al fin y al cabo recuperó su perro gracias a vosotros.
Mujer: Sí, pero no estoy segura de que podamos ir cuando queramos, que es lo que me piden los niños. Llevan toda la semana con el mismo tema.
Hombre: ¡No te cortes! Y sobre todo piensa con tu marido en la posibilidad de comprarles un perro pequeño, para que ellos se responsabilicen y sepan lo que es cuidar un animal.
Mujer: Eso es lo que yo pienso, pero mi marido no lo tiene tan claro.
Hombre: Pues anímalo, y a lo mejor si aprovechas el día de San Valentín para regalarle un caniche, no te protesta.
Mujer: ¡Qué ideas tienes! Pero pensándolo bien…

EXAMEN 4

COMPRENSIÓN AUDITIVA Y USO DE LA LENGUA

TAREA 3 - Pista 24

Periodista: Paco Roca, buenos días.

Paco: Hola, buenos días, Lucía.

Periodista: Paco Roca se describe a sí mismo como una persona privilegiada que ha conseguido cumplir un sueño infantil. Desde niño quería trabajar dibujando y en la actualidad compagina la ilustración con el cómic y no le va nada mal. Premio Nacional del Cómic en 2008 por la multipremiada "Arrugas", también ha ganado en dos ocasiones los premios al mejor guion y mejor obra de autor español en el Salón del Cómic de Barcelona por "Arrugas" y por "El invierno del dibujante" respectivamente. Paco dices que tienes la fortuna de haber hecho realidad ese sueño aunque tus padres no comprendían que se pudiera ganar uno la vida con esa profesión, dibujando.

Paco: No, no, la verdad que ha costado que llegasen a entender un poco que, bueno, que lo de su hijo era una profesión más o menos decente, ¿no? Pero también yo creo que era normal; mi generación, bueno, los padres eran como que te alejaban un poco de este tipo de, de profesiones digamos como más artísticas, ¿no?, menos comprensibles, ahora yo creo que con el tiempo ya se van dando cuenta de que, bueno, de que te puedes ganar la vida con esto y además que su hijo es feliz con ello.

Periodista: Bueno, y se le reconoce el trabajo no, no solo aquí en España sino fuera de nuestras fronteras, pero dime, Paco, esa pasión por las historietas ¿de dónde viene? ¿Son las lecturas de la infancia que te marcaron?

Paco: Yo creo que lo que me gusta desde, desde pequeño es contar historias y la única forma que he encontrado, pues… bueno, que de una forma natural, ¿no?, en la que me siento cómodo es haciéndolo con, con dibujos y yo ahí para esto es que la verdad es que la mejor opción es el, es el mundo del cómic y, bueno, desde… desde entonces la verdad es que, que me comunico creo yo con más facilidad en este formato que en cualquier otro, está claro porque como todos hemos crecido pues con, con esas lecturas yo creo que todos empezamos a leer con los comics, ¿no? Hay algunos que los vamos dejando con la edad y otros que, como es mi caso, que seguimos leyéndolas hasta ahora. Yo empecé pues con, como imagino que como casi todos los españoles, ¿no?, leyendo los comics de la editorial Bruguera, leyendo a Mortadelo y Filemón, a Zipi y Zape, a Carpanta y, y demás. Y poco a poco bueno pues he ido cambiando las lecturas y al final esas lecturas son las que han hecho que me quiera dedicar a esto.

Periodista: Bueno, he leído por ahí que dibujando era como mejor te expresabas cuando eras pequeño.

Paco: Sí.

Periodista: Lo que no sé si es una leyenda es eso de que incluso llegabas a proponer a los profesores que te dejaran presentar los trabajos como si fueran comics, e incluso que llegaste a dejar a una novia explicándoselo en formato de viñeta.

Paco: Ja, ja, ja. Claro, yo es que creo que el cómic es el formato perfecto para, bueno, eh, para hablar de cualquier cosa, ¿no?, tanto, tanto pues para hablar del alzhéimer como para hacer cosas didácticas e incluso para expresar tus… tus sentimientos, ¿no? Como te decía, pues bueno casi que me parece más, más sencillo expresarlo a veces con esa mezcla de, que tiene el cómic, ¿no?, de dibujos y texto que… que de otra forma ¿no? Y sí que es verdad que, bueno, que hace poco he… volví otra vez al colegio donde estudié de pequeño y recordaba, el profesor este que había hecho un cómic con, bueno, con un trabajo de, de creo que era de Lengua.

Periodista: O sea, que estaba escrito desde niño. ¿Y eres autodidacta o te has formado académicamente?

EXAMEN 4

Paco: Bueno, la verdad es que yo creo que todos los que nos dedicamos al mundo del cómic es bastante autodidacta, ¿no?, hay… Yo pues veo, vengo de algo parecido, del diseño gráfico y de la ilustración, pero sí que es cierto que te encuentras de todo tipo de gente en esto, ¿no?, desde gente que viene pues de la arquitectura a gente que no tiene nada que ver con, con nada artístico ¿no? Y yo creo que al igual que la… imagino que la literatura o… o el cine, ¿no?, yo creo que esto o gran parte de ello es la, la cultura del medio que tú tengas ¿no?, y a mí pues… la verdad es que siempre me han gustado, como te decía, los comics y he leído muchísimos y yo creo que es la mejor forma de aprender.

Periodista: ¿Y en qué momento entras en contacto con el mundo editorial francés? Porque "Arrugas" se publicó antes en Francia que en nuestro país.

Paco: Sí, pues, bueno… me di cuenta que como, bueno, como le ha pasado a muchísimos dibujantes desgraciadamente en España, ¿no?, que tienes que mirar porque, bueno, el mercado más fuerte europeo es el francés, simplemente porque allí el cómic tiene muchísima más tradición de la que tiene aquí en España, las editoriales pues son mucho más potentes, venden más y pueden pagar mayores anticipos de los que se pueden pagar en España. Entonces, si quieres dedicarte a esto, pues, bueno, una de las soluciones es tener que emigrar al mercado francés. Y así que nada, allí con un, con una carpeta bajo el brazo tuve que irme a vender el proyecto de "Arrugas".

Periodista: Y allí has seguido publicando y con éxito después. Oye, Paco Roca, tú eres… tienes una proyección notable después del éxito de "Arrugas", esa reflexión entrañable sobre la vejez que también ha sido llevada al cine con éxito y que te ha valido por cierto un Goya como co-guionista. Creo que todo empezó, que la idea se te ocurrió por un desafortunado comentario, ¿no?, que te hicieron cuando presentabas un cartel publicitario.

Paco: Sí, pues bueno, durante bastante tiempo he compaginado pues la ilustración publicitaria con el cómic y justamente pues, bueno, uno, uno de esos encargos publicitarios fue hacer el cartel para, bueno, para un festival del automóvil y me dijeron que tenía que llenar aquel cartel de personajes, entre todos aquellos personajes dibujé una pareja de ancianos, lo entregué a la agencia de publicidad que me había encargado aquel trabajo y me dijo que estaba perfecto pero que los ancianos no, que quitase esos ancianos de allí, que la gente no quiere ver personas mayores en publicidad, ¿no?, son, eran antiestéticos me llegó a comentar el, el de la agencia de publicidad.

Periodista: Es tremendo.

Paco: La verdad es que… Sí, sí, pero bueno yo creo que en el fondo son un reflejo de la sociedad en la que vivimos, es una, es una etapa de la vida que, que bueno apenas queremos, salvo que nos llegue alguno, no queremos saber nada de ella ¿no? De hecho, pues, hay muy pocas historias que, que traten también sobre la vejez, no ya solo en los comics, sino que… bueno, en el cine o en la literatura. De hecho, oí una entrevista que le hacían al, al actor inglés Michael Caine, hace unos años le dieron un Óscar al mejor actor secundario y él se quejaba precisamente de eso, ¿no?, de que llegada la edad que él tiene, pues, que debe ser ya bastante mayor, en el cine tan solo se puede aspirar a ser un actor secundario, que no hay papeles protagonistas para las personas mayores. Y en cierta forma vivimos en una sociedad que eso, que tiene cierta fobia hacia, hacia la vejez.

COMPRENSIÓN AUDITIVA Y USO DE LA LENGUA

TAREA 4 - Pista 25

Diálogo 1

Hombre: Elena, no sé dónde he puesto la agenda. ¿Qué día era cuando teníamos que llevar al niño a ponerse la vacuna?

Mujer: No estoy segura ahora mismo, Miguel, pero yo juraría que le toca el martes.

EXAMEN 4

Diálogo 2

Hombre: Alba, el próximo sábado tienes que estar en casa, porque vienen los técnicos del gas a instalar la calefacción.
Mujer: ¿Y eso? ¿No vinieron el miércoles pasado?

Diálogo 3

Hombre: Patricia, necesito el diccionario para el examen de latín, ¿me lo puedes prestar?
Mujer: Sí, Juan, claro, pero ¿tú no tenías el que te regalaron en tu cumpleaños?

Diálogo 4

Mujer: Fernando, no me digas que no te acuerdas de Pili.
Hombre: El caso es que su cara me resulta familiar; es tu prima, ¿verdad?, la que vive en Jerez.

Diálogo 5

Mujer: Pedro, por favor, ven conmigo a la playa este fin de semana.
Hombre:¡Ni lo sueñes! Tengo las entradas para el último partido de Liga y además ya fui el año pasado con mis hermanos.

Diálogo 6

Mujer: Eduardo, tengo que subir urgentemente a casa a recoger mi móvil, que se me ha olvidado. ¿Puedes vigilarme el coche para que no se lo lleve la grúa?
Hombre: ¡Faltaría más! A mí me pillaron la semana pasada y tuve que pagar 80 euros de multa.

Diálogo 7

Hombre: Mira, Esperanza, yo creo que ya es muy tarde y que sería mejor que saliéramos mañana.
Mujer: ¿Se puede saber por qué no podemos salir a esta hora? No es tan tarde…

Diálogo 8

Mujer: Eugenio, he enviado mi currículum a una empresa de teletrabajo para poder trabajar desde casa, sin horarios…
Hombre: Tú verás, ya sabes que la semana próxima empezamos el curso de natación.

Diálogo 9

Mujer: ¿Qué tal la visita a tus padres, Bernardo?
Hombre: ¿Qué quieres que te diga? Pasé unos días estupendos con ellos y, eso sí, el tren a Málaga óptimo. Tienes que probarlo.

Diálogo 10

Hombre: Teresa, cuéntame qué tal el cumpleaños de Luis, ¿qué dijo cuando te vio?
Mujer: Lo mejor fue la cara que puso, tenías que haberlo visto.

EXAMEN 4

COMPRENSIÓN AUDITIVA Y EXPRESIÓN E INTERACCIÓN ESCRITAS

TAREA 1 - Pista 26

Pero a mí me parece que es fundamentar, fundamental, que tengamos en cuenta que el sobrepeso está casi siempre detrás de todos estos problemas. Y hablamos de diabetes, hablamos de hipertensión, hablamos de hipercolesterolemia, hablamos de infarto, hablamos de accidentes vasculo-cerebrales.

Alguien me va a decir: "Paco, pero si después viene un proceso canceroso y tenemos tantos…". Bueno, oiga, es que también se pueden hacer cosas para intentar prevenir los procesos tumorales. Claro, si uno está cansa(d)o de decirle a la gente: "Por favor, no fume usted". Lo primero, lo primero y lo más importante y lo que va a redundar en beneficio de todo lo que usted tiene es que en vez de 90 kilos usted pese 70 kilos. Casi siempre es el sobrepeso, si no hay un problema de tiroides, es que hay una descompensación entre lo que yo como y lo que yo necesito comer. Si yo necesito, para mantener mi peso 1500 kilocalorías diarias y yo me meto entre pecho y espalda 3000 kilocalorías diarias, *pos 1500 kilocalorías que como varón que soy se me van a acumular en la *bocha; si fuera mujer, se me acumu…, se me acumularía –que la mujer tiene más suerte que el hombre en este orden de ca…, de cosas- se me acuma… se me acumularía en mama, en las caderas, que esa es la forma de engordar de la mujer, y eso es menos peligroso, pero qué duda cabe que es sobrepeso al fin y al cabo. ¿Será importante o no será importante que yo ajuste mi dieta a mis necesidades? Está claro que sí. Eso está clarísimo. Porque si estoy con sobrepeso, eso denota de que siendo yo como soy, porque así me parió mi madre, porque estas son mis conformaciones anatómicas y lo que he hereda(d)o, vale, pero yo no me puedo permitir el lujo de seguir comiendo y seguir comiendo y seguir engordando y seguir engordando. ¿Por qué? Porque en condiciones normales engorda muchísimo más quien menos colaciones de comida hace. ¿Qué me está diciendo usted? Sí, engorda mucho, muchísimo menos una persona que reparta en 5 veces su alimentación, que se coma exactamente lo mismo, en una sola vez; más interesante comer 5 veces que comer 3. Primera cosa. Segunda cosa, ¿y cuánto tengo que comer?, ¿y qué es lo que tengo que comer? A mí me parece que es, cada edad tiene su dieta. Indiscutiblemente. Pero hay unos principios dietéticos que son extrapolables a todas las edades. Una dieta debe de ser equilibrada, ¿qué quiere decir una dieta equilibrada?: justo lo contrario que la dieta Duncan. Hombre, claro, la dieta Duncan es una dieta di-so-cia-da, que solamente se le da una cosa o un tipo de alimento. ¡Eso es una barbaridad! Aquí y en Pekín, lo diga quien lo diga. Eso no es bueno. "¡Es que pierdo muchísimo peso!". Bueno, a ver qué le pasa a tu riñón, o a ver cómo va a escapar tu páncreas, pero está claro que la dieta teóricamente debería ser equilibrada. Eso ¿qué quiere decir? Que debe de llevar aproximadamente la mitad, un 50%, de hidratos de carbono, to… todo el mundo comemos hidratos de carbono porque es lo más barato: el pan, la patata, los garbanzos, la pasta, eso son hidratos de carbono, entre comillas saludables. Entonces, *fijaros que tenemos que hablar de cantidad y calidad. Es decir, hay que saber lo que *comedo y en función de lo que comemos cuánto tenemos que comer. Y todo eso va a estar relaciona(d)o con mi índice de masa corporal. Yo decía antes que no quiero ser demasia(d)o teórico pero me parece que esto son cosas tan importantes que es fundamental que los captéis. Ese 50%, vale. Yo puedo, y *fijaros que os hago un plan: ¿se puede tomar un poquito de pan por la mañana? Sí, el suelo de una viena, se puede tostar, si te gusta tosta(d)o y si es integral mejor, le puedes echar un chorreoncito de aceite y si te gusta porque toda la vida has toma(d)o un café con leche, pues te tomas un café con leche.

EXAMEN 4

COMPRENSIÓN DE LECTURA Y EXPRESIÓN E INTERACCIÓN ORALES

TAREA 2 - Pista 27

1. ¿En qué ha cambiado Internet tu vida?
2. ¿Qué uso haces de Internet en tu vida cotidiana?
3. ¿Sueles realizar descargas (legales o ilegales) de algún material?
4. ¿Qué beneficios crees que reporta a un creador la difusión gratuita de su obra a través de Internet?
5. ¿Qué tipo de leyes y medidas deberían tomarse para asegurar la plena libertad en Internet y el respeto a los derechos de propiedad intelectual?
6. En tu opinión, ¿Internet ayuda a ser más libre o puede ser una herramienta de control y vigilancia por parte de las grandes compañías? 7.- ¿Crees que la cultura de gratuidad en Internet puede perjudicar la creación a largo plazo?

COMPRENSIÓN DE LECTURA Y EXPRESIÓN E INTERACCIÓN ORALES

TAREA 3 - Pista 28

1. Lo que pasa es que ahí no se refleja bien la calidad de nuestros productos.
2. ¿Y eso no hará que mucha gente se lleve una falsa opinión del tipo de restaurante?
3. Pero si le damos un estilo demasiado formal y convencional, muchos jóvenes van a preferir comer en otros restaurantes.
4. ¿Y crees que en ese menú se aprecia bien la variedad de nuestra oferta y el precio de las comidas?
5. Pero es que a mí no me resulta atractivo el formato, le falta algo, un punto que atraiga al cliente y lo anime a probar nuestro menú.

EXAMEN 5

COMPRENSIÓN AUDITIVA Y USO DE LA LENGUA

TAREA 1 - Pista 29

Cuando nace el cerebro de un niño, sé que es una exageración lo que voy a decir, pero bastante notable, prácticamente es igual que el cerebro de un niño pues después de la última mutación genética, que es la que dio origen al lenguaje, que sería aproximadamente hace unos doscientos mil años. Ya, pero seis años después, ese cerebro no se parecería al cerebro de un niño de hace doscientos mil años prelingüístico, ¿por qué?, entre otras cosas, porque cuando el niño aprende el lenguaje, reestructura sus funciones cerebrales de una manera muy peculiar.

Entonces, ¿qué ocurre? Que lo que estamos haciendo en el período educativo es que todo lo que la humanidad ha tarda(d)o aproxima…, como mínimo doscientos mil años en inventar, el niño lo aprende en seis, siete, ocho, nueve años, y que si no le transmitiéramos esa cultura volveríamos a un estado de primitivismo prelingüístico, y que por eso Nietzsche decía el, el, el, el hombre es un animal no fijado todavía. Efectivamente, es que no está fijado. Es que como uno de los ele…, desde el punto de vista, desde el punto de vista biológico sí está fija(d)o, desde el componente cultural pues depende un poco lo que le demos. Y no es… y entra dentro de nuestras posibilidades que pueda haber gran un…, grandes colapsos culturales, que entonces redefinan al ser humano de otra manera. Es decir, los que estamos dedicándonos a la educación a lo que estamos dedicándonos es a mantener la definición del ser humano. ¿A través de qué? Pues a través de las, a través de la selección de cultura que le vamos a dar. Cuando estoy hablando de cultura no estoy solo hablando de contenidos, de contenidos culturales. Estoy hablando también de los sistemas para controlar la propia conducta. Lo que nosotros llamamos libertad, la capacidad de tomar determinaciones mediante proyectos es una función aprendida por la com…, es una función aprendida, es una función que ha utiliza(d)o una estructura me… neuronal muy potente que eran los lóbulos frontales, ya, ya, para controlarse. Y podemos seguir el momento en que el niño aprende a gestionar su propio celebro, cerebro para controlar la acción. Y eso en un período que va hasta los seis años posiblemente, y eso es lo que estamos enseñando. Y cuando estamos hablando de educación por lo tanto estamos hablando de que estamos constituyendo las estructuras básicas de una persona humana. Y sin educación no lo hay. Y tenemos casos muy tristes. Cuando se dieron, cuando se daban en, en la India casos de niños lobos, de niños que habían sido raptados por las fieras y que habían vivido con ellas, y algunos los más, los, según los datos que yo tengo, los más tardíos se recuperaron a los doce-catorce años, no habían establecido con su cerebro pautas de conducta humana, habían establecido en su cerebro pautas de conducta lobunas y no se recuperaron. Andaban lo más cercano posible a las cuatro patas, bebían lamiendo y no aprendieron el lenguaje. No aprendieron el lenguaje. ¿Por qué? Pues porque sus pautas, su cerebro había recibido una cultura lobuna y no había recibido una cultura humana. De manera que la tarea, la tarea de que la educación es, es la que humaniza alguna especie de animal listo para hacer otra cosa con él yo creo que nos dan, es a lo que me refería cuando decía que la función educativa es una función metafísica, es decir, nos está constituyendo como especie. Y entonces, ¿qué tenemos que educar? Uno, pues yo creo que tenemos que educar dos cosas, la educación es un conjunto de dos elementos: un elemento de instrucción es aquel contenido de conocimientos o de procedimientos que nos parece que es interesante para que el niño y para que el adulto, bueno, esté bien ajustado a la situación en que está, a la sociedad en que está, al futuro que le espera… Y hay otro elemento, que es "tenemos que formar la perso…, las estructuras básicas de la personalidad de ese niño o de ese adolescente", vamos, tenemos que ayudarle a que él las vaya adquiriendo. Y eso es absolu…, absolutamente fundamental. ¿Por qué? Porque si enseñamos solo una cosa sin otra, nos… empezamos con los problemas pedagógicos, que es: ¿qué os preocupa a vosotros como, como profesores? ¿Que no sabéis cómo explicar una cosa? No, lo que habéis dicho aquí: que no se esfuerzan, que no están motiva(d)os, que no sé cómo motivarles, que no sé cómo conseguir que se esfuercen. Claro, es que ese es, es que esa es realmente la tarea educativa más potente porque ella va a arrastrar a los demás.

EXAMEN 5

COMPRENSIÓN AUDITIVA Y USO DE LA LENGUA

TAREA 2 - Pista 30

Conversación 1

Hombre: Buenos días, doctora, vengo a recoger el resultado de mis últimos análisis.
Mujer: ¿Por qué no vino la semana pasada? Me extrañó no verlo por aquí.
Hombre: Perdone, pero tuve que cambiar la cita porque era el aniversario de bodas de mi hija y fuimos a visitarla, así que estuvimos ocho días fuera.
Mujer: ¿Y dónde estuvo usted?
Hombre: Pues fuimos a Italia, porque mi hija ahora vive allí.
Mujer: ¡Qué bien! Pero, por favor, siéntese un momento mientras consulto en el ordenador.
Hombre: Espero que no sea nada grave, porque tengo el corazón en un puño.
Mujer: Ahora mismo el ordenador no me permite consultar su expediente, pero dígame, ¿qué tal se encuentra?
Hombre: La verdad es que con las pastillas que me recetó me siento mucho mejor y ya apenas siento molestias.
Mujer: De todas formas, no todo está en la medicación, ¿sigue usted todos los consejos que le di?
Hombre: Claro que sí, aunque de vez en cuando creo que no he sido muy estricto al pesar la comida y seguir el régimen.
Mujer: A ver, lo que yo le he pedido es que durante las comidas no se ponga morado, pero es muy importante también tener buenos hábitos de vida saludable, tanto en alimentación como en ejercicio físico, en descanso, etc.
Hombre: En todo eso creo que cada vez voy mejorando, aunque necesito mucha fuerza de voluntad.
Mujer: Pues va a ver cómo lo consigue. Aquí tengo ya sus resultados, vamos a ver qué hay…

Conversación 2

Mujer: Pues a mí me pasa lo mismo, pero es que nunca tengo tiempo. Fíjate que me has pillado entrando en casa porque se me había olvidado la cartera, pero ahora me voy y ya no vuelvo hasta esta noche.
Hombre: Ya que hemos tenido suerte, a ver si algún día nos reunimos y podemos tomar algo, no sé, un sábado o un domingo que os venga bien venir a casa.
Mujer: Eso va a ser muy difícil, porque ya sabes que Eduardo suele viajar casi todos los fines de semana, y si no se va al campo.
Hombre: Pues entonces quedamos para cenar esta semana o la próxima.
Mujer: Vale, pero antes tengo que hablar con mi hijo, porque ahora precisamente empieza sus exámenes y tendremos que esperar a que los termine.
Hombre: Por cierto, ¿cómo le va en el nuevo colegio?
Mujer: Bien, aunque últimamente no da ni golpe.
Hombre: Pero si él siempre ha sido muy obediente y disciplinado…
Mujer: Sí, pero ya sabes, hijo, la edad… Y a propósito, ¿cómo le va a tu hija?
Hombre: Muy bien, gracias. Ya sabes que empezó a trabajar en unos grandes almacenes.
Mujer: Ah, pues no, no lo sabía.
Hombre: Pues hará como unos seis meses presentó el currículum y la llamaron porque se abría una nueva tienda.
Mujer: ¡Qué suerte!, porque con lo mal que está todo.
Hombre: Eso dice ella, y esta semana le han prorrogado el contrato.

EXAMEN 5

Hombre: María, hace muchísimo tiempo que quería llamarte para saber de vosotros.
Mujer: Bueno, Pepe, me alegro de oírte, pero es que tengo mucha prisa, nos llamamos y quedamos para cenar, ¿vale?
Hombre: De acuerdo, María, un abrazo.

Conversación 3

Mujer: ¡Qué días más malos está haciendo! A ver si llega ya el verano y sale un poco de sol.
Hombre: Parece que va a cambiar el tiempo y que la semana que viene suben las temperaturas.
Mujer: Bueno, yo no me fío de las previsiones meteorológicas, porque al final siempre fallan.
Hombre: No diga usted eso, señora Julia, que con los satélites que hay es muy difícil equivocarse.
Mujer: ¡Que es difícil equivocarse! Mira, Samuel, el año pasado fuimos mi marido y yo un fin de semana a la montaña; en todos los telediarios y todas las previsiones decían que era el momento ideal para ir a esquiar, y precisamente el sábado, que era el día que teníamos previsto para esquiar, hizo un día de perros.
Hombre: Ya, pero eso no suele ocurrir frecuentemente, sería una casualidad y alguien se equivocó.
Mujer: Sí, pero a nosotros nos rompió todos los planes, y ya estuvimos de mal humor todo el viaje, porque no sabíamos qué hacer.
Hombre: Pues yo, de todas formas, este fin de semana me voy a la playa a ver si tomo algo de sol y me pongo morenito.
Mujer: ¿Y a qué playa piensas ir?
Hombre: Usted sabe que mis padres tienen un apartamento en Cullera, así que el viernes cojo el coche y en una horita me planto allí después del trabajo.
Mujer: ¿En una hora? Tú no sabes cómo se pone la carretera a esa hora, te espera un atasco monumental, y no vas a llegar antes de las siete de la tarde.
Hombre: No sea usted aguafiestas, mujer, que solo hay cien kilómetros.
Mujer: Sí, cien kilómetros, pero entre el tráfico y las obras, tres o cuatro horas no hay quien te las quite, te lo digo yo.
Hombre: Pues ¿sabe lo que le digo? Que el viernes por la tarde, aunque sea por la noche, yo me baño.
Mujer: ¡Ay, Dios mío! ¡cómo es esta juventud! Que tengas un buen viaje y ya me contarás a la vuelta.

Conversación 4

Mujer: Javier, ya he comprado las entradas para la exposición que inauguran el viernes en el Museo Municipal.
Hombre: Pero ¿por qué las compras con tanta antelación?
Mujer: Porque el periódico dice que es la mejor exposición que ha pasado por esta ciudad en los últimos diez años.
Hombre: La verdad es que eso lo dicen cada vez que hay alguna actividad cultural, dicen que es lo nunca visto y al final todas son bastante mediocres.
Mujer: ¡Porque tú lo digas! Pero las entradas ya están compradas, y vamos a ir este sábado, y de paso podemos visitar a tus primos para llevarles su regalo de boda.
Hombre: ¿Y no sería mejor dejarlo para la próxima semana?
Mujer: Pero es que el Museo está tan cerca de casa de tus primos que así matamos dos pájaros de un tiro, ¿no te parece?
Hombre: Es una buena idea, pero antes tendremos que avisarles por si ellos tienen otros planes.
Mujer: Entonces, llámalos tú, y les preguntas a qué hora les viene bien que nos pasemos y ya aprovechas para decirles que he leído el libro que me prestaron.
Hombre: ¡Ya era hora! ¿Les digo si te gustó?

EXAMEN 5

Mujer: Bueno, ya hablaremos de eso cuando nos veamos, porque me gustaría saber si tienen algo más de ese autor.
Hombre: Entonces eso significa que te ha gustado.
Mujer: Hombre, gustar, gustar, no es que me haya encantado, pero me ha parecido muy original y diferente.

COMPRENSIÓN AUDITIVA Y USO DE LA LENGUA

TAREA 3 - Pista 31

Periodista: Sergio, muy buenas.
Sergio: ¿Qué tal?, buenas tardes, señor, ¿cómo le va?, ¿bien?
Periodista: Me va bien, me va bien y un gusto hablar con usted a esta hora de la tarde. Porque, lo dicho, problemas económicos no creo que tenga ahora siendo triple campeón del mundo de los medios.
Sergio: Bueno, la verdad no, no estoy en una situación mala pero se podría estar mejor. El boxeo hoy en día ya no es como fue en los años. Pero no me quejo, la verdad.
Periodista: ¿Han bajado las bolsas? ¿Han bajado las bolsas?
Sergio: Sí, poco a poco se fue deteriorando en todos los sentidos el boxeo y hoy en día pues ya este… es muy… sabido que no se cobra lo que se cobraba hace unos diez años atrás.
Periodista: Bueno, por lo que respecta a su currículum deportivo, casi cincuenta victorias, más de la mitad por KO, pero antes de todo eso, del éxito, del rotundo éxito del que usted disfruta ahora, a fecha de hoy, tuvo que hacer de portero de discoteca, en nuestro país, de monitor de gimnasio, ¡de bailarín! ¿Cómo es eso de que trabajó de bailarín?
Sergio: Sí. No, lo de bailarín es un poco a medias. Trabajé en una discoteca una vez también, lo combiné con lo de trabajar de portero en un sitio y eso, me ofrecieron para bailar y eso, bueno, a veces cuando uno está entrenado si principalmente está bien pues no hace falta bailar muy bien que digamos sino que con seguir la música alcanza.
Periodista: ¿Sigue por nuestro país descansando?
Sergio: Eh…, sí, sí. Se puede decir que sí; más o menos estoy descansando en comparación de lo que… de los viajes míos por Argentina o por Estados Unidos, sí.
Periodista: Ese Martínez denota que su origen familiar hay que buscarlo, hay que buscarlo en España, ¿correcto?
Sergio: Eh… pues hay que remontarse muchos años atrás.
Periodista: Ah, ¿sí?
Sergio: Digamos que no, no tengo una raíz directa, digamos… vengo de parte de franco-suizos por parte de mi madre, de… de indios naturales de ahí de Argentina también, también por parte de mi ella, mi abuelo. Por parte de mi padre traigo el apellido español, eh, Martínez.
Periodista: ¿Cuándo llegó a España? Y algo he dicho yo ya, pero, pero recuérdenoslo usted, ¿en qué circunstancias llega a España, Sergio?
Sergio: Cuando llegué a España, vos, fue en el momento más… más triste de Argentina, más, más complicado de toda la historia, probablemente el más complicado de toda la historia, ¿no?, la, en donde más se sufrió, que fue, o por lo menos que yo recuerde, ¿sabe?, ese, ese fue la crisis del famoso corralito, cuando hubo cinco presidentes que cambiaron en una semana. Bueno, en ese momento, en ese momento me fui de Argentina y, y bien, pues la verdad fue una buena elección la de venir a Europa y lo mejor que pude haber decidido fue haber intentado llegar a España; ¿no? Por fin lo conseguí.
Periodista: ¿Lle… llegó solo? Año 2002, ¿llega solo, Sergio?

EXAMEN 5

Sergio: Vine con una novia en ese momento, que tenía en esos momentos una chica argentina que estaba conmigo, vinimos juntos, decidimos venirnos, y bueno pues hoy ya no estamos juntos pero, pero sí que vinimos, vinimos los dos.

Periodista: ¿Y con algo de plata? ¿Con algo de dinero? ¿Poquito dinero? ¿Mucho dinero?

Sergio: Sí, un poco. No, no era mucho. Unos 1300 euros, una cosa así, más o menos, 1200-1300, no, no, no más que eso. ¿Sabe?, en esos momentos, para dos personas quizás es un poco, poco.

Periodista: Un poco corto, sí. Un poco corto. En esos primeros instantes, en esas primeras semanas aquí en España, año 2002, insisto, ¿cómo le tratamos? ¿Le tratamos mal, bien, regular, mediopensionista?

Sergio: No, no, no, no, bien. La verdad que muy bien. Este, se cobraba a, muy poco por no tener papeles, eso es complicado, y todo eso, pero yo siempre as… asumí la posición que tenía y comprendo como cosas lógicas ¿no? la del famoso derecho del piso, de pagar cuando uno llega a otro sitio. Siempre fui consciente de, de, de lo que tenía, de lo que tenía enfrente, de lo que yo quería conseguir y el precio que hay que pagar las cosas y lo bueno fue haber encontrado gente muy pero muy buena muy pronto. La verdad, que de las mejores experiencias de mi vida fue haber llegado aquí y encontrar gente muy muy positiva, muy buena intentando colaborar conmigo, ¿sabe?

Periodista: Pero no tan pronto como dice usted, Sergio, porque hubo tiempo como para tener que mendigar la comida, porque la situación apretaba. Eso tuvo que ser muy duro.

Sergio: Sí, es complicado. También hay que ver, yo, la… lo que veo que la, la, la situación mía no, no fue, no fue algo, ¿cómo le puedo decir?, es decir, había mucha gente igual, gente en las condiciones en las que yo me encontraba. Lo que pasa es que las ambiciones mías eran muy grandes y ahí sí probablemente pueda llegar a ser llamativo, ¿no?, eh, pero, pero si uno intenta llegar a fin de mes y tener una vida tranquila, pues se puede decir que bueno, sí, vale, se puede estar pidiendo algo de comida, una vez cada quince días o cada diez días, pero, pero con un poquito ya vivo bien, pero claro, la gen…, las ambiciones mías eran, eran muchísimo más grandes de lo que me…, de lo que se puede imaginar uno, ¿no?, entonces ahí sí quizá le podría decir yo que, que sí, que me costó y todo eso pero tampoco me costó tanto, la verdad.

COMPRENSIÓN AUDITIVA Y USO DE LA LENGUA

TAREA 4 - Pista 32

Diálogo 1

Mujer: Inés, mañana mismo quiero que me presentes a tus amigos del Instituto, para conocer a Alberto.

Mujer: ¡De eso, nada, Pepa! Antes tengo que averiguar si ya tiene novia.

Diálogo 2

Hombre: Olga, me han dicho que los sábados no sale el autobús de las nueve.

Mujer: ¿Cómo que no hay autobús a esa hora? Pero si siempre ha habido. ¿Y ahora qué hago yo?

Diálogo 3

Hombre: Esther, el próximo sábado me voy a visitar a mi familia a Granada, ¿qué quieres que te traiga de regalo?

Mujer: ¿Pero tú no eras de Bilbao? ¿O ahora va a resultar que no te llamas Pachi?

EXAMEN 5

Diálogo 4

Hombre: Elisa, ¿qué me decías de aquella vajilla que vimos en el escaparate?
Mujer: Nada, que me llamó la atención, por la forma y por el tono; podíamos pasar otro día y mirarla con tiempo.

Diálogo 5

Hombre: Hace mucho tiempo que no sé nada de Julián, ¿tú lo has visto últimamente?
Mujer: Sí, tuvo un infarto y ha dejado de fumar, porque ya le ha visto las orejas al lobo.

Diálogo 6

Hombre: Buenos días, ¿me dice a qué hora pasa el autobús del hospital?
Mujer: Perdone, pero es que no soy de aquí y no tengo ni idea.

Diálogo 7

Mujer: Juan, ¿ya has terminado las tareas o has venido por algo?
Hombre: No, Carmen, no he acabado todavía pero tenía ganas de verte.

Diálogo 8

Hombre: El consumo de calzado ha caído en picado en los últimos meses.
Mujer: Pero ¿no dicen que es uno de los productos más cotizados en el mercado?

Diálogo 9

Hombre: ¡Qué desagradable es salir a la calle con esta temperatura!
Mujer: Y que lo digas, hace un bochorno que no apetece para nada salir.

Diálogo 10

Mujer: ¿Quieres que vayamos el sábado a jugar un partido de tenis?
Hombre: Es que ya no pago la cuota en el club. Mejor nos vemos en la cafetería de tu calle.

COMPRENSIÓN AUDITIVA Y EXPRESIÓN E INTERACCIÓN ESCRITAS

TAREA 1 - Pista 33

En España hay una tradición…, nos faltan ensayistas, nos faltan… porque normalmente, nuestras universidades nos enseñan a demostrar que sabemos, y para nosotros demostrar que sabemos significa que somos capaces de repetir o hilar o traer la cita adecuada de lo que pensaron otros o que somos capaces de contrastar, apoyar o debatir las teorías de otros. El mundo anglosajón, por ejemplo, que da grandes ensayistas ahora mismo, pues es muy ducho de personas que cuentan lo que ellos piensan, sin tener que referenciarlo frente a otras fuentes; no quieren demostrar que saben mucho: quieren contar su teoría. Ese… esa elaboración, ahí donde hay un matiz brutal… yo por eso busco muchos ensayistas en la universidad y tengo esa dificultad a priori con los cátedros y demás porque entienden…

son personas que saben mucho, porque saben, porque saben, son estudiosos y saben, saben enseñar, pero tienen como una, un temor atávico al ridículo de decir "¿y yo quién soy para formular una tesis que me van a rebatir, que van…?", en fin, empiezan a… a ter…, y desde luego nosotros somos muy pacatos a la hora de formular tesis. No os podéis figurar hasta qué punto y pensad un poco en ensayistas que se atrevan a elaborar y a matizar, y comprenderéis, y comparadlo con otro mundo hasta qué punto somos cortos. Bueno, pues Pilar aquí vuelve a ser osada, en fin, no vale, no se limita a citas brillantes, que ya digo, es que son tan bonitas algunas que te… y tan evocadoras; no se limita a buscar ejemplos perfectamente traídos, y se mete pues a… a teorizar un poco, a explicar, aquí Pilar arriesga y ahí es probablemente el valor que percibáis del libro.

Los libros, cuando están en librería, ni son caros ni son baratos. El merca(d)o, y el merca(d)o del libro, ¿qué valora? El valor añadido que le aporta al lector. 20 euros, o 24 o 18 son mucho o poco, depende de lo que te aporte. Si te ha aporta(d)o algo, desde luego es baratísimo. Y este libro es la elaboración… hace que aporte clarísimamente. Bueno, habla de talento, habla de circunstancias, que el talento se adapta, que no hay talento único, que el talento cambia por los tiempos y las circunstancias y fijaros desde que se escribe este libro, ella ya en la misma, los prologuistas cuentan pues las cosas que han, que han cambia(d)o, el principio, los principios del libro son totalmente válidos, entre otros el principio adaptativo. Y ahora tenemos una nueva realidad en España, muy intensa, dolorosa, que cambia, en fin… son algo que sabíamos que iba a pasar, que íbamos a entrar en una fase bajista del ciclo económico y no nos podíamos figurar, desde luego yo no me lo podía figurar, eh, la intensidad con la que está ocurriendo, por la suma de los factores que conocemos todos y que no, y que no ahondamos. Esto conlleva, ya, el nominalismo ya llamémosle como quieras, el presidente ya ayer reconoció crisis, desde luego pues, crisis pero crisis con, con ojos rojos, colmillos afila(d)os y sombra amenazante. En principio tenemos una situación de desánimo bastante extendido, de pérdida de empleo seguro, de problemas graves de, de liquidez y de aceptamiento, y esto hace que las empresas tengamos que ser mucho más talentosas, y que las personas tengan que ser mucho más talentosas, y que gestionar personas con talento se vaya a hacer todavía mucho más complica(d)o. Cuando hay momentos de restringir gastos y todas las empresas vamos a entrar en fase de apretar gastos, y quien no esté en esa fase, que corra ya, para qué vamos a perder tiempo en…, que corra, estamos en fase de apretar gastos, pues lógicamente es un modelo de gestión que va a diferir un poquito en el que teníamos pues cuando crecíamos al cuatro por ciento y, en fin, y parecía que íbamos a tener el ciclo más largo.

El libro tiene la grandeza de decirnos cosas concretas pero aceptar esa mutación y adaptación permanente a las circunstancias. El talento se tiene que adaptar a las circunstancias, y hay talentos que florecen en unas circunstancias, otras en otras, y ahora entramos en unos momentos de especial necesidad del talento. Hace muy poco tiempo me he leído el libro de Alan Greenspan, *En la era de las turbulencias*, que está muy bien, fue el presidente del FED, de la Reserva Federal como sabéis, y él es un buen conocedor sobre todo de la naturaleza humana. A mí la parte que más me interesó es cuando hablaba de la naturaleza humana, y él decía que después de tantos años llevando la, la economía, en fin, y viendo personas, él llegaba a una conclusión muy curiosa, que él mismo nunca hubiera dicho podía llegar. Y es que de forma necesaria, sin que se pueda evitar, el esta(d)o colectivo económico pasa de la euforia al pánico y del pánico a la euforia. Estaba escrito, cuando decía… se pone…"no se puede evitar", nos podemos poner y dice "todo el poder de las instituciones es procurar achatar un poquito la época de euforia y desde luego cuando llega el pánico intentar refrenarlo". Pero no tiene término medio, él dice que es que no tiene solución, que así es nuestra naturaleza humana colectiva y que por tanto ahora estamos entrando en fase de pánico y todos, empezando por el que os habla, hemos hecho acto de contrición. Cuando venga la época de euforia, estaremos todos de nuevo en la euforia; esto, la persona inteligente dice, "bueno, como probablemente no pueda evitar estar en esta onda, procuremos por lo menos matizarla al máximo", estamos entrando en fase de pánico, época dura, pero época de la cual

EXAMEN 5

vamos a salir, no tengo ni idea si dentro de seis, un año, dos años, hay teorías para todo, hay personas de mucho nivel económico aquí, que seguro me podéis ilustrar, como no lo sé no puedo no puedo dar ninguna teoría, pero yo preveo que esto va a ser duro pero que saldremos, porque siempre se sale con…, saldremos con dolor y con… más dolor del que creemos y con más cambios de los que nos dicen. Entonces, ahora pues es momento donde el talento y la inteligencia puede hacer muchas cosas, muchísimas cosas, probablemente las grandes empresas del mañana se cuajen ahora, las grandes oportunidades salgan ahora, y los grandes talentos ocultos puedan aflorar ahora. Por eso en estas circunstancias, si el talento siempre vale, ahora todavía más, y si el libro de Pilar es oportuno en épocas de bonanza, donde se busca y se compite por el talento, ahora todavía más, porque hace más falta, porque aporta más valor añadido y p orque es todavía más difícil gestionarlo.

COMPRENSIÓN DE LECTURA Y EXPRESIÓN E INTERACCIÓN ORALES

TAREA 2 - Pista 34

1. En tu opinión, ¿qué beneficios reporta el cambio horario?
2. ¿A ti te afecta o te ha afectado en alguna ocasión el cambio horario? ¿En qué sentido?
3. ¿Crees que resulta eficaz prepararse para el cambio horario? ¿Haces algo para adaptarte mejor?
4. ¿Crees que resulta eficaz la medida del cambio horario para el ahorro energético?
5. ¿Puede haber algún interés oculto en la adopción de esta medida?
6. ¿Qué suele causarte trastornos en tu rutina del sueño?
7. ¿En qué medida crees que puede afectar al estado de ánimo la duración de horas de luz al día?

COMPRENSIÓN DE LECTURA Y EXPRESIÓN E INTERACCIÓN ORALES

TAREA 3 - Pista 35

1. ¿No te parece demasiado tradicional? Yo apostaría por algo más atrevido…
2. Pero la gente ahora no viste de esa forma…
3. La imagen de la compañía tiene que impactar y atraer a ese público juvenil para el que lanzamos la colección.
4. Lo que pasa es que en esa foto no se aprecia la calidad de los materiales que empleamos…
5. Hombre, también es muy importante que sea cómodo y que el cliente se sienta a gusto, y a mí me parece que tu propuesta no lo contempla.